JN209660

個人版納税猶予対応

医科・歯科クリニックの事業承継完全ガイド

青木惠一 監修　税理士法人 青木会計 編著

ぎょうせい

はじめに

　少子高齢社会のわが国において、今後10年間ほどの間に平均引退年齢である70歳を超える中小企業・小規模事業者の経営者が245万人になると推定されています。その内、約半数の127万人（日本企業全体の3分の1に相当）の経営者においては後継者が未定で、現状を放置した場合には中小企業・小規模事業者の廃業が急増する事態が想定されています。その結果、650万人の雇用と22兆円ほどのGDPが失われる可能性があるとも指摘されています。特に、2025年に70歳以上となる個人事業者は約150万人と推計され、数年前より、個人事業者の事業承継を促す税制措置等の創設が必要といわれてきました。このような状況下、平成31年度税制改正において「個人版事業承継税制」が創設され、10年間限定で、事業継続を前提に、一定の事業用の「宅地等・建物・減価償却資産」について、贈与税及び相続税を100%納税猶予し、一定要件を満たせば贈与税・相続税が免除されることとされました。

　この個人版事業承継税制は個人開業の医師・歯科医師にも適用されます。厚生労働省の調べでは、平成31年1月31日現在、一般診療所（医科）で個人開業は4万1,189施設とされ、歯科診療所で個人開業は5万3,409施設とされています。院長の年齢は、医科で平均60歳を超え、歯科では平均が50歳代後半と考えられます。2025年を目途に地域包括ケアシステムを構築し、その後の高齢化の進展局面においても持続して地域医療を守り続けるためには個人開業の医科・歯科クリニックの医業承継が確実に行われることが必要となります。

本書では、個人開業の医科・歯科クリニックを念頭に、創設された個人版事業承継税制の対象とされる「特定事業用資産」の詳細、納税猶予の前提となる「経営承継円滑化法」の概要や認定手続、「贈与税・相続税の納税猶予」特例を受ける際のポイントと留意点などを詳細に解説しています。

　また、元祖事業承継税制である「小規模宅地等の評価減特例」について、個人版事業承継税制との比較を交えてその概要を解説し、さらには「医療法人化と事業承継」の章では、法人設立に際して理解していなければならない医療法や法人運営上の注意点を詳解しました。そして「事業承継に役立つ対策編」として、民法（相続法）の改正や代償分割・信託・教育資金贈与の活用といった事業承継に関連した項目の活用法までも解説しています。

　拙著が、個人開業の医科・歯科クリニックの先生方はもとより、税理士、公認会計士、医業経営コンサルタントのお役に立てる事業承継ガイドブックとなれば幸いです。

　　　　　　　　令和元年8月
　　　　　　　　税理士法人青木会計　代表社員
　　　　　　　　　　　　　　　青木　惠一

CONTENTS　目次

第4章 贈与税の納税猶予・免除制度

第5章 相続税の納税猶予・免除制度

第 6 章　個人の事業用資産の贈与者が死亡した場合の相続税の課税の特例

第 7 章　小規模宅地等の評価減特例と個人版事業承継税制

第 8 章　個人開業医の医療法人化と事業承継

第 9 章　事業承継に役立つ対策編

〈参考〉　個人開業医師・歯科医師の後継者への事業承継手続

第1章

創設された個人版事業承継税制

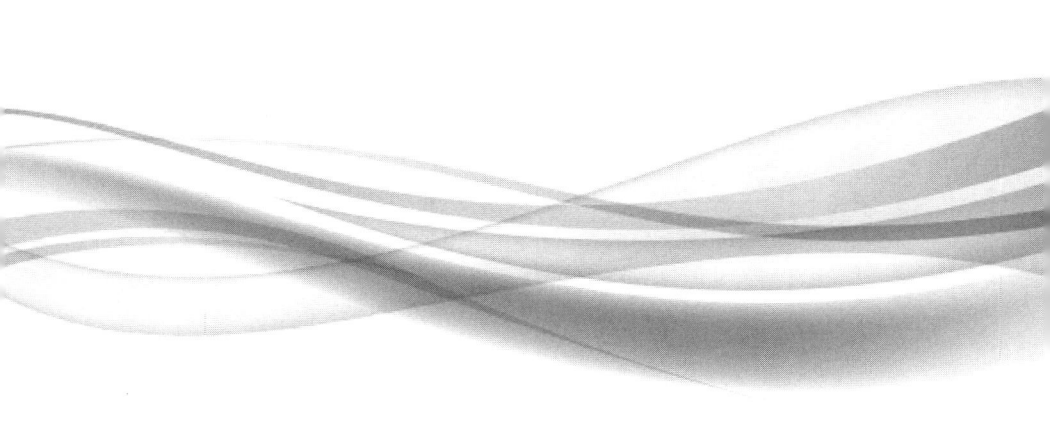

1 特例制度創設の背景

　わが国では、これから10年ほどの間に、70歳（平均引退年齢）を超える中小企業・小規模事業者の経営者が245万人になると推定されています。そのうち、約半数の127万人（日本企業全体の3分の1に相当）の経営者について後継者が未定と考えられています（図表Ⅰ－1参照）。この現状を放置すれば、中小企業等の廃業の急増により、この10年で約650万人の雇用と約22兆円のGDPが失われる可能性があるとされています。このような現状に鑑みて、個人事業者の事業承継を促すための税制措置が必要との機運が盛り上がり、平成31年度税制改正で「個人版事業承継税制（措法70の6の8、70の6の9、70の6の10）」が創設されました。その概要は、10年間限定で、事業継続を前提に、一定の事業用「宅地等・建物・減価償却資産」について、贈与税及び相続税を100%納税猶予し、一定要件を満たせば贈与税・相続税が免除される特例措置となっています（図表Ⅰ－2・Ⅰ－3参照）。平成31年1月1日以後の贈与、相続・遺贈から適用を受けることができます。

図表 I － 1　中小企業経営者の状況と将来の見込み

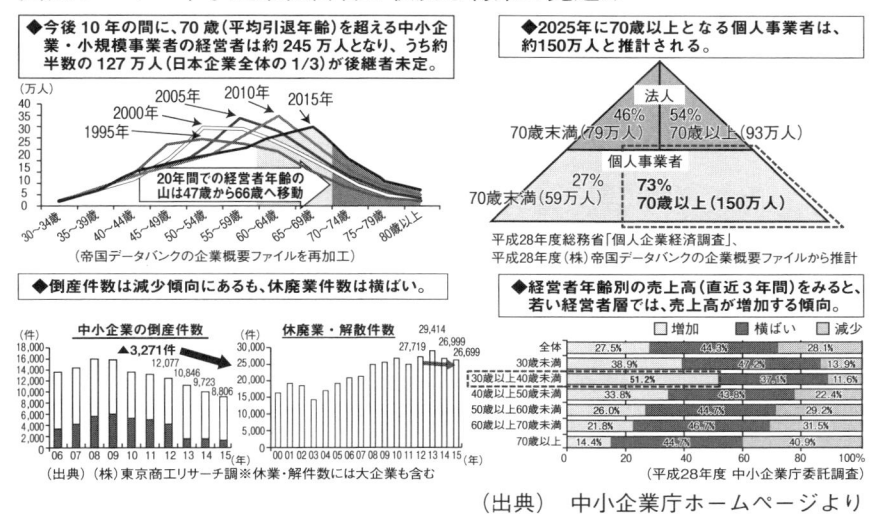

（出典）　中小企業庁ホームページより

図表 I － 2　税制改正の概要と制度の内容

1. 大綱の概要

個人事業者の事業承継を促すため、10年間限定で、事業継続を前提に、土地、建物、機械・器具備品等に係る贈与税・相続税を100% 納税猶予する制度を創設する。

2. 制度の内容

・相続時・生前贈与時いずれにおいても、事業用の土地※建物※その他の一定の減価償却資産について、課税価格の100% に対応する額を納税猶予する。

　　※土地は面積400 ㎡までの部分、建物は床面積800 ㎡までの部分に限る。

・法人の事業承継税制と同様、担保を提供し、猶予取消しの場合は猶予税額及び利子税を納付する。

・相続前3年以内に事業の用に供された宅地等は、小規模宅地特例の対象から除外する（ただし事業実態がある場合は適用可）。

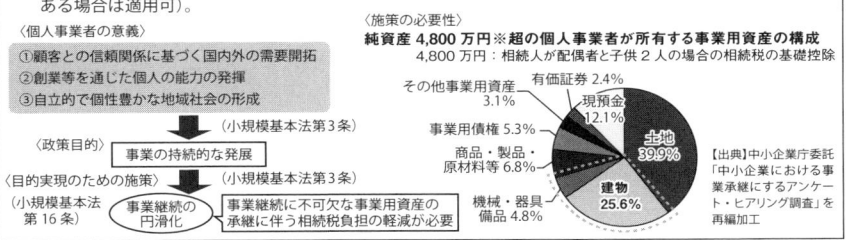

（出典）　厚生労働省ホームページより

図表 I - 3 中小企業経営者の次世代経営者への引継ぎを支援する税制措置の拡充

個人版事業承継税制の創設（相続税・贈与税） 新設

- 今年度、事業承継税制が抜本的に拡充されたことにより、法人向けの事業承継税制の認定申請件数は飛躍的に増加（※）。
- 個人事業者についても、円滑な世代交代を通じた事業の持続的な発展の確保が喫緊の課題となっていることを踏まえ、**個人事業者の事業承継を促進するため、10年間限定で、多様な事業用資産の承継に係る相続税・贈与税を100%納税猶予する「個人版事業承継税制」**を創設する。

改正概要

※拡充前の事業承継税制の平成29年度における認定件数は年間400件程度であったが、拡充後の事業承継税制の足元における申請件数は年間4000件に迫る勢い。

① 多様な事業用資産が対象	② 相続税だけでなく贈与税も対象
事業を行うために必要な多様な事業用資産が対象	生前贈与による早期の事業承継準備を支援

① 多様な事業用資産が対象

事業を行うために必要な多様な事業用資産が対象
- ○ **土地・建物**（土地は400㎡、建物は800㎡まで）
- ○ **機械・器具備品**
  - （例）工作機械・パワーショベル・診療機器 等
- ○ **車両・運搬具**
- ○ **生物**（乳牛等、果樹等）
- ○ **無形償却資産**（特許権等）
  等

【工作機械】【診療機器】

② 相続税だけでなく贈与税も対象

生前贈与による早期の事業承継準備を支援

③ 納税額の全額（100%）が納税猶予

後継者の承継時の現金負担をゼロに

④ 10年間の時限措置

平成31年1月1日～平成40年12月31日の間に行われる相続・贈与が対象

注1：制度を活用するためには、①経営承継円滑化法に基づく認定が必要
　　　　　　　　　　②平成31年度から5年以内に、予め承継計画を提出することが必要
注2：既存の事業用小規模宅地特例との選択制

（出典） 中小企業庁ホームページより

2 高齢化する医療機関経営者の現状

　創設された個人版事業承継税制は、個人開業の医師・歯科医師も適用対象となります。ところで、開設者別の病院、一般診療所（医科）、歯科診療所の状況は（図表Ⅰ－4）のとおりです。

図表Ⅰ－4　開設者別の病院、一般診療所（医科）、歯科診療所の状況

	病院			一般診療所			歯科診療所	
	施設数		病床数	施設数		病床数	施設数	
総数	8,355	100.0%	1,542,774	102,096	100.0%	93,517	68,477	100.0%
医療法人	5,750	68.8%	862,039	43,054	42.2%	70,463	14,463	21.1%
個人	183	2.2%	17,189	41,189	40.3%	17,230	53,409	78.0%
総数に占める比率	5,933	71.0%	879,228	84,243	82.5%	87,693	67,872	99.1%

平成31年1月31日現在

　平成31年1月31日現在、一般診療所（医科）の総数は全国で102,096施設あり、そのうち個人が開設する診療所は41,189施設で全体の40.3%を占めています。歯科診療所の総数は68,477施設ですが、個人が開設する歯科診療所は53,409施設あり、総数に占める割合は78.0%に達します。近年、これら個人開業の医師・歯科医師の高齢化は進んでいるため、事業承継は医師・歯科医師にとっても重要な経営課題となっています（図表Ⅰ－5参照）。

（参考）厚生労働省の平成28年「医師・歯科医師・薬剤師調査」によれば、一般診療所（医科）の経営者又は法人の代表者の場合、平均年齢は61.2歳となっている。

図表Ⅰ－5

一般診療所（医科）の開設者又は法人の代表者

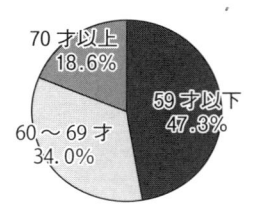

年齢	人数
59歳以下	34,019
60～69歳	24,475
70歳以上	13,394
総数	<u>71,888</u>

歯科診療所の経営者又は法人の代表者の場合は、平均年齢56.6歳となっている。

歯科診療所の経営者又は法人の代表者

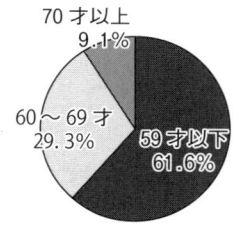

年齢	人数
59歳以下	36,568
60～69歳	17,458
70歳以上	5,456
総数	<u>59,482</u>

3 経営承継円滑化法の認定

　「事業承継税制」は、後継者が個人事業者の場合には特定の事業用資産を、法人の場合には非上場会社の株式等を、先代事業者から贈与又は相続等により取得した際に、「中小企業における経営の承継の円滑化に関する法律（経営承継円滑化法）」による都道府県知事の認定を受けている場合に、贈与税又は相続税の納税が猶予される制度となっています。

　平成20年5月に成立した経営承継円滑化法は、事業承継に伴う税負担の軽減や民法上の遺留分への特別措置など以下の3項目を基本的枠組みとして盛り込んでおり、事業承継を円滑に進める際に総合的に支援を講ずるための法律となっています（図表Ⅰ-6参照）。

◯経営承継円滑化法の基本的枠組み

(1)　**事業承継税制** 　①非上場株式等についての贈与税・相続税の納税猶予制度（一般措置、特例措置） 　②個人の事業用資産についての贈与税・相続税の納税猶予制度
(2)　**遺留分に関する民法の特例**
(3)　**事業承継時の金融支援措置**

図表 I－6

経営承継円滑化法の概要

「中小企業における経営の承継の円滑化に関する法律」(以下「経営承継円滑化法」といいます。)
また、同法の施行令(政令)と施行規則(省令)を、単にそれぞれ「施行令」と「施行規則」といいます。)は、
(1) 遺留分に関する民法の特例
(2) 事業承継時の金融支援措置
(3) 事業承継税制
　①非上場株式等についての贈与税・相続税の納税猶予制度(一般措置、特例措置)、
　②個人の事業用資産についての贈与税・相続税
の納税猶予制度の基本的枠組みを盛り込んだ事業承継円滑化に向けた総合的支援策の基礎となる法律となります。

経営承継円滑化法の概要

事業承継に伴う税負担の軽減や民法上の遺留分への対応をはじめとする事業承継円滑化のための総合的支援策を講ずる「中小企業における経営の承継の円滑化に関する法律」が平成20年5月に成立。

１．事業承継税制

①非上場株式等に係る相続税・贈与税の納税猶予制度

◇中小企業の事業の継続を通じた雇用の確保や地域経済の活力維持を図る観点から、後継者が、都道府県知事の認定を受けた非上場中小企業の株式等を先代経営者から相続又は贈与により取得した場合において、相続税・贈与税の納税が猶予又は免除されます。

②個人の事業用資産に係る相続税・贈与税の納税猶予制度

◇個人事業者の円滑な世代交代を通じた事業の持続的な発展の確保や地域経済の活力維持を図る観点から、後継者が都道府県知事の認定を受け、先代事業者から相続又は贈与により事業用資産を取得した場合において、相続税・贈与税の納税が猶予又は免除されます。

事業承継の円滑化
地域経済と雇用を支える中小企業の事業活動の継続

２．民法の特例

◇後継者が、遺留分権利者全員との合意及び所要の手続を経ることを前提に、以下の民法の特例の適用を受けることができる。

①生前贈与株式等を遺留分の対象から除外
　贈与株式が遺留分減殺請求の対象外となるため、相続に伴う株式分散を未然に防止

②生前贈与株式等の評価額を予め固定
　後継者の貢献による株式価値上昇分が遺留分減殺請求の対象外となるため、経営意欲が阻害されない

３．金融支援

◇経営者の死亡等に伴い必要となる資金及びM&Aにより他の事業者から事業を承継するための資金の調達を支援するため、都道府県知事の認定を受けた中小企業者及び後継者個人に対して、以下の特例を設ける。

①中小企業信用保険法の特例
　　　（対象：中小企業者）
②株式会社日本政策金融公庫法及び沖縄振興開発金融公庫法の特例（対象：後継者個人）
　親族外承継や個人事業主の事業承継を含め、幅広い資金ニーズに対応

（出典）経済産業省・中小企業庁「－経営承継円滑化法－　個人の事業用資産についての相続税、贈与税の納税猶予制度の概要」より

4　個人版事業承継税制の特徴

　平成31年度税制改正で創設された個人版事業承継税制には大きな特徴が3つあります。

　1つ目は、この制度の適正性を確保するため、「終身の事業・資産保有の継続」が要件とされている点です。納税猶予の特例を受けた場合には、原則、死ぬまで事業を継続し、事業用資産を保有するということが要件とされています。ただし、対象が個人ですから、後継者が一定の重度障害を負うなどして事業継続ができない場合には猶予税額が免除されるなど個人事業者の特性を考慮した緩和措置も盛り込まれています。

　2つ目の特徴は「債務控除に関して濫用防止」が盛り込まれている点です。納税猶予税額の計算では、個人事業に係る債務の額は特定事業用資産の価額から控除して計算されることになります。

　3つ目の特徴は法人の事業承継税制と同様に「後継者以外の相続人の相続税額計算に影響を及ぼさない」点です。小規模宅地等の評価減特例では、特例を受ける相続人以外の相続人の相続税額も減少しますが、相続税の納税猶予制度では、後継者以外の相続人の相続税額計算は変化しないということになります（図表Ⅰ－7）。

図表Ⅰ-7

○ **事業等の継続要件**
・ 個人事業者の事業継続を支援するという政策目的との整合性を確保するため、相続税の申告期限後、**終身の事業・資産保有の継続要件**を設ける
・ **個人事業者の特性も考慮した緩和措置**を設ける

※後継者の死亡一定の重度障害、一定の災害の場合は猶予税額を免除

※ 経営環境変化や心身の故障等により適用対象資産を譲渡又は廃業する場合、その時点の資産価額で 猶予税額を再計算し、差額免除

○ **債務控除に関する措置**
・ 債務控除を使った制度の濫用を防止するため、**被相続人に債務がある場合には、特定事業用資産の価額から当該債務の額（明らかに事業用でない債務の額を除く）を控除した額を猶予税額の計算の基礎とする**

○ **税額の計算方法**
・ **後継者以外の相続人の相続税額に影響が生じない計算方法とする**

※ 貸付事業（アパート、駐車場等）は、現行の小規模宅地特例においても事業用とは別区分であり、**本措置の対象外とする。この他、法人の事業承継税制における資産管理会社要件を踏まえた要件設定等**、所要の措置を講じる。

5 個人版事業承継税制と法人版事業承継税制（特例措置）との比較

　個人版事業承継税制は、可能な限り法人版事業承継税制（特例措置）に準じた制度設計となっていますが、いくつかの相違点があります。まず、法人版事業承継税制（特例措置）は平成30年1月1日から特例措置がスタートしていますが、個人版事業承継税制は1年遅れの平成31年1月1日スタートとなりました。いずれも適用期限は10年間ですので、法人版は令和9年12月31日が終了期限となり、個人版は令和10年12月31日が終了期限となります。また、5年以内の「個人事業承継計画」の提出期限も同様に終了年が1年ずれます。対象の人格が法人と個人で違うため、納税猶予の対象資産が法人版は「非上場株式等」とされ、個人版は「特定事業用資産」とされています。対象資産に対する納税猶予割合はいずれも100％です。承継パターンは、法人版では複数の株主から最大3人の後継者が対象となりますが、個人版の場合は、原則として、先代1人から後継者1人が対象となります。法人版事業承継税制のうち特例措置では雇用確保要件が弾力化されましたが、個人版事業承継税制にはもともと雇用確保要件はありません。経営環境変化に対応した減免措置はいずれにもありますが、特に個人版事業承継税制には、対象が生身の人間であるため、後継者が重度障害者等の場合は猶予税額を免除する措置がとられています（図表Ⅱ-8）。

　なお、医療法人は法人版事業承継税制の対象となりませんが、個人開業の医師・歯科医師は個人版事業承継税制の対象となります。

図表Ⅰ-8　個人版事業承継税制と法人版（特例措置）との比較

	法人版（特例措置）	個人版
事前の計画策定	5年以内の特例承継計画の提出 〔2018年4月1日から 2023年3月31日まで〕	5年以内の個人事業承継計画の提出 〔2019年4月1日から 2024年3月31日まで〕
適用期限	10年以内の贈与・相続等 〔2018年1月1日から 2027年12月31日まで〕	10年以内の贈与・相続等 〔2019年1月1日から 2028年12月31日まで〕
対象資産	非上場株式等	特定事業用資産
納税猶予割合	100%	100%
承継パターン	複数の株主から最大3人の後継者	原則、先代一人から後継者一人 ※一定の場合、同一生計親族等からも可
贈与要件	一定数以上※の株式等を贈与すること ※後継者一人の場合、原則2/3以上など	その事業に係る特定事業用資産の すべてを贈与すること
雇用確保要件	あり（特例措置は弾力化）	雇用要件なし
経営環境変化に 対応した減免等	あり	あり ※後継者が重度障害等の場合は免除
円滑化法認定の 有効期限	最初の申告期限の翌日から5年間	最初の認定の翌日から2年間

（出典）経済産業省・中小企業庁　「－経営承継円滑化法－　個人の事業用資産に
ついての相続税、贈与税の納税猶予制度の概要」より

第2章

納税猶予・免除の対象とされる「特定事業用資産」

1 特定事業用資産の範囲

　贈与税・相続税の納税猶予及び免除制度の対象とされる「特定事業用資産」には、贈与税の場合は贈与者、相続税の場合は被相続人の事業[注1]の用に供されていた次に掲げる資産[注2]が該当します（措法70の6の8②、70の6の10②）。

(1)	**宅地等（宅地等の面積の合計のうち400平方メートル以下の部分）**
(2)	**建物（建物の床面積の合計のうち800平方メートル以下の部分）**
(3)	**減価償却資産で次のもの** ① 償却資産税の対象とされる減価償却資産 ② 自動車税又は軽自動車税において営業用の標準税率が適用される自動車 ③ その他の減価償却資産で一定のもの（例：ソフトウエア、商標権など）

（注1）　納税猶予・免除特例の対象となる「事業」には、不動産貸付業や駐車場業、自転車駐車場業は含まれない（措法70の6の8②一、措令40の7の8⑤、措通70の6の8‐12、70の6の8‐11）。

（注2）　納税猶予・免除特例の対象となる「資産」は、贈与年又は相続開始年の前年分の事業所得に係る青色申告書（青色申告特別控除額が、正規の簿記に従い記帳しており、その帳簿書類に基づいて作成された貸借対照表・損益計算書を添付しているもので最高65万円（令和2年以降は55万円）控除が適用されるものに限る。）の貸借対照表に計上されているものに限られる（措法70の6の8②一、70の6の10②一）。

(1) 宅地等・建物の面積制限

　特定事業用資産とされる宅地等と建物には面積制限があります。宅地等は面積合計のうち400平方メートル以下の部分、建物は床面積合計のうち800平方メートル以下の部分とされています。後継者が複数人の場合には、これらの面積は各後継者が取得した面積の合計で判定します。また、面積制限がされるのは税務上の取扱いであって、経営承継円滑化法の認定上は、面積制限はありません。

(2) 前年分の貸借対照表に計上されているもの

　納税猶予の対象となる資産は、贈与年又は相続開始年の前年分の事業所得に係る青色申告書の貸借対照表に計上されているものに限られます（措法70の6の8②一、70の6の10②一）。青色申告は、「青色申告特別控除額が、正規の簿記に従い記帳しており、その帳簿書類に基づいて作成された貸借対照表・損益計算書を添付しているもので最高65万円（令和2年以降は55万円）控除が適用されるものに限る」とされています。個人の場合、プライベートな資産として宅地や建物を所有することができます。そこで事業承継税制では、対象となる特定事業用資産を明確にするため、「前年分の貸借対照表に計上されている」ことを要件としており、その前提は「正規の簿記に従い記帳」して作成された貸借対照表としています。この点で留意したいのが、「相続により取得した宅地」や「生計一の親族が所有する宅地」を個人開業の医師・歯科医師が診療所の敷地として利用している場合です。実務上、いずれの場合も、貸借対照表に計上しないまま事業の用に供していることがあるので、それら宅地を貸借対照表に計上する必要があります。これら未計上の宅地等を計上する場合の仕訳は次のように考えられます。

〈貸借対照表に計上する際の仕訳〉

令和○年1月1日	
（借方）土　地　××　／　（貸方）事業主借　××	

　この場合、宅地の価額をいくらで計上するかが問題となります。宅地の価額の大小で事業所得金額の計算に影響はでません。従って、宅地の固定資産税評価額や路線価で評価した金額、又は、路線価で評価した金額を公示価額に引き直して算定した金額などが候補になると考えられます。

　（注）　貸借対照表に計上された宅地の価額は、「資産保有型事業」の判定では、分母に算入されます。その観点では、より大きい金額が望ましいと考えられます。

　また、借地権についても、賃借対照表に計上がされていない場合には、これを計上しておく必要があります。診療所用建物が自己所有で、その敷地について「地代」の支払がある場合には注意しなければなりません。

(3)　贈与年、相続開始年に取得した資産

　特例対象の贈与や相続の直前に事業の用に供していた宅地等や建物であっても、贈与の日や相続開始の日の年中に取得したものである場合には、前年分貸借対照表に計上されていないため、特定事業用資産には該当しません（措通70の6の8-14、70の6の10-13）。

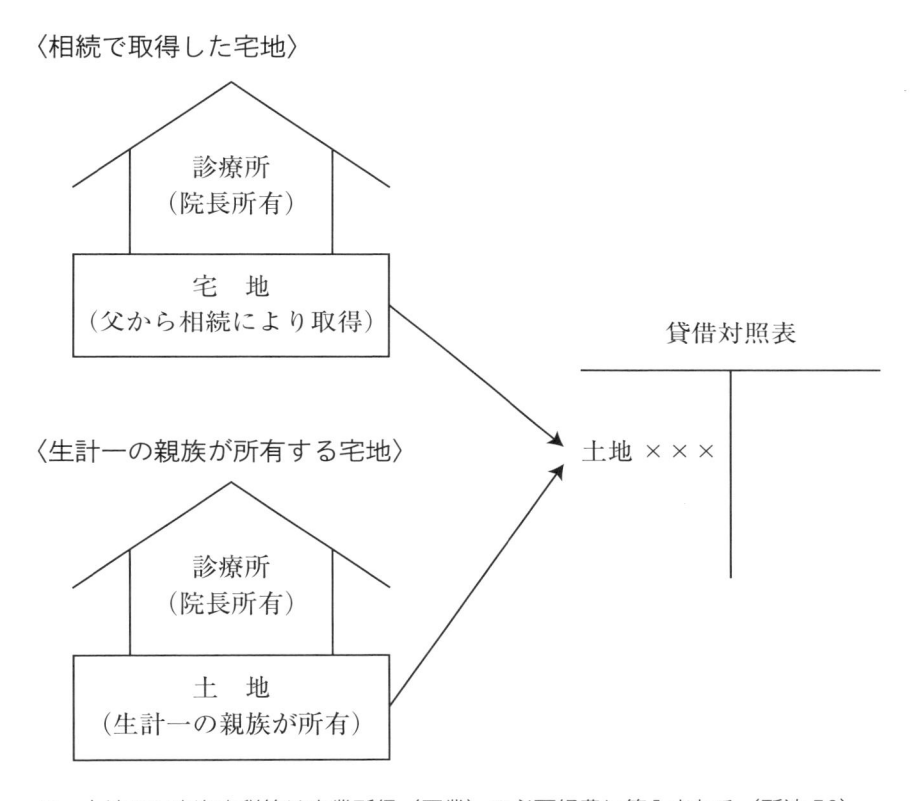

〈相続で取得した宅地〉

診療所
（院長所有）

宅　地
（父から相続により取得）

〈生計一の親族が所有する宅地〉

診療所
（院長所有）

土　地
（生計一の親族が所有）

貸借対照表

土地 ×××

※　土地の固定資産税等は事業所得（医業）の必要経費に算入される（所法56）。

⑷　事業用資産と特定事業用資産

　個人開業の医師・歯科医師は、「事業用資産」として、診療所用の宅地等や建物、MRI・CT・歯科用ユニットなどの医療用機器（減価償却資産）、その他事業用の預貯金、窓口現金、医業未収金、入居テナントビルの保証金など多岐に渡る資産を有しますが、「特定事業用資産」として納税猶予の対象とされるのは「宅地等、建物、減価償却資産」の3点となります。

2 特定事業用資産に該当する宅地等

特定事業用資産に該当する宅地等の要件は次のとおりです（措法70の6の8②一イ、70の6の10②一イ）。

(1) 土地又は土地の上に存する権利であること。
(2) 次に掲げる建物・構築物以外の建物又は構築物の敷地の用に供されているものであること。 　① 温室その他の建物で、その敷地が耕作用に供されるもの 　② 暗渠その他の構築物で、その敷地が耕作用等に供されるもの 　　（措規23の8の8①、23の8の9①）
(3) 贈与又は相続の直前に、贈与者又は被相続人の事業の用に供されていた宅地等で、棚卸資産に該当しない宅地等であること（措令40の7の8⑥、措令40の7の10⑥）。
(4) 宅地等の面積の合計のうち400平方メートル以下（注1，2）の部分であること。 （注1） 宅地等の面積の合計が400平方メートル以下については、事業を承継する者が複数人の場合には、各承継者が取得した面積の合計で判定する。 （注2） 納税猶予・免除制度の対象となる被相続人から相続・遺贈により取得をした宅地等について、「小規模宅地等についての相続税の課税価格の計算の特例」のうち「特定同族会社事業用宅地等」又は「貸付事業用宅地等」の適用を受ける者がいる場合には、特定同族会社事業用宅地等又は貸付事業用宅地等を選択した面積を400平方メートルから控除した面積以下が特例の対象とされる（措令40の7の10⑦）。
(5) 宅地等のうちに事業用以外の部分があるときは、贈与者又は被相続人の事業の用に供されていた部分に限るものであること。

　宅地等には「土地の上に存する権利」も含まれるため、借地権も対象資産となります。

　また、一定の建物の敷地の用に供されることが要件とされますが、個人開業の医師・歯科医師では、主に、診療所用建物の敷地を特例対象とする場合が多いと考えられ、要件クリアに問題はありません。

　納税猶予の対象となる宅地等は面積合計400平方メートル以下とされますが、その判定では、事業承継者が複数人の場合、各承継者が取得した面積の合計で判定するとされています。個人開業の医師・歯科医師の場合、開設・管理できる診療所は1つに限られます。また、納税猶予を受ける場合には、事業承継者は特定事業用資産の全てを承継しなければなりません。従って、診療所用の宅地等を複数人が事業承継することはないと考えられます。例外的には、個人開業の医師・歯科医師がA市で個人診療所を開業し、B市で別の個人事業を営んでいるときに、事業承継者が複数人となる場合が考えられます。

　相続の場合で、宅地等について納税猶予の適用を受ける場合には、納税猶予の対象となる被相続人から相続又は遺贈により取得した宅地等で特定同族会社事業用宅地等又は貸付事業用宅地等を選択した面積を400平方メートルから控除しなければなりません。その場合の計算式は次のとおりとなります（措通70の6の10-17）。

〈特例対象の宅地等の面積調整〉

ロ	**特定同族会社事業用宅地等**	「400㎡－特定同族会社事業用宅地等の面積」が適用対象となる宅地等の限度面積となります[1]。
ハ	**貸付事業用宅地等**	「$400㎡ - 2 \times (A \times \frac{200}{330} + B \times \frac{200}{400} + C)$」が適用対象となる宅地等の限度面積となります[2]。

※1　他に貸付事業用宅地等について小規模宅地等の特例の適用を受ける場合には、ハによります。

※2　Aは特定居住用宅地等の面積、Bは特定同族会社事業用宅地等の面積、Cは貸付事業用宅地等の面積です。

（出典）国税庁ホームページ「個人の事業用資産についての贈与税・相続税の納税猶予・免除（個人版事業承継税制）のあらまし」より

　また、「相続税の納税猶予」と小規模宅地等の特例の「特定事業用宅地等」とは、選択適用となります（措法70の6の10二②ヘ）。

〈参考〉　たとえば2階建ての建物で、1階部分が診療所用、2階部分が自宅用で使用するという診療所兼自宅を所有している場合があります。このような場合の納税猶予の適用は、所得税の計算に沿って、宅地等の面積を建物の床面積の比など合理的な根拠に基づき事業用部分と家事用部分に按分し、事業用部分を特定して受けることになると考えられます。

3　特定事業用資産に該当する建物

　特定事業用資産に該当する建物の要件は次のとおりです（措法70の6の8②一ロ、70の6の10②一ロ）。

(1)　贈与又は相続の直前に、贈与者又は被相続人の事業の用に供されていた建物で、棚卸資産に該当しない建物であること（措令40の7の8⑦、措令40の7の10⑧）。
(2)　建物のうちに事業用以外の部分があるときは、贈与者又は被相続人の事業の用に供されていた部分に限るものであること。
(3)　建物の床面積の合計のうち800平方メートル以下（注）の部分であること。 　　（注）　建物の面積の合計が800平方メートル以下については、事業を承継する者が複数人の場合には、各承継者が取得した面積の合計で判定する。

　納税猶予の対象となる建物は、床面積合計800平方メートル以下とされていますが、その判定では、事業承継者が複数人の場合、各承継者が取得した面積の合計で判定するとされています。個人開業の医師・歯科医師の場合、開設・管理できる診療所は1つに限られます。また、納税猶予を受ける場合には、事業承継者は特定事業用資産の全てを承継しなければなりません。従って、診療所用の建物を複数人が事業承継することはないと考えられます。

　診療所兼自宅用の建物の場合の納税猶予の適用は、所得税の計算に沿って建物を事業用部分とそれ以外に区分し、事業用部分について受けることになると考えられます。

4 特定事業用資産に該当する減価償却資産

　特定事業用資産に該当する減価償却資産は次のとおりです（措法70の6の8②一ハ、70の6の10②一ハ）。

（1）　地方税法第341第4号（償却資産税）の対象とされる減価償却資産

〈参考〉地方税法第341第4号（償却資産）

　土地及び家屋以外の事業の用に供することができる資産（鉱業権、漁業権、特許権その他の無形減価償却資産を除く。）でその減価償却額又は減価償却費が法人税法又は所得税法の規定による所得の計算上損金又は必要な経費に算入されるもののうちその取得価額が少額である資産その他の政令で定める資産以外のもの（これに類する資産で法人税又は所得税を課されない者が所有するものを含む。）をいう。ただし、自動車税の課税客体である自動車並びに軽自動車税の課税客体である原動機付自転車、軽自動車、小型特殊自動車及び二輪の小型自動車を除くものとする。

（2）　自動車税又は軽自動車税において営業用^{（注1）}の標準税率が適用される自動車

　（注1）　「営業用」自動車は、道路運送法第2条第2項に規定する旅客自動車運送事業及び貨物自動車運送事業の用に供する自動車をいう（いわゆる緑ナンバー）。

（3）　その他の減価償却資産で一定のもの^{（注2）}

　（注2）　主として趣味・娯楽目的保有資産を除き、事業用部分に限る資産で次のものなど（措規23の8の8②）
　　　　・特許権、商標権、ソフトウエア、営業権などの無形固定資産
　　　　・牛、馬、かんきつ樹、りんご樹、茶樹、オリーブ樹など生物
　　　　・自動車登録規則別表第二の自動車の範囲欄の1, 2, 4, 6
　　　　・道路運送車両法施行規則第二の四の自動車の用途による区分欄1, 3

　個人開業の医師・歯科医師が、その所有する自動車（白ナンバー）を事業の用に供している場合、所得税の計算においては、合理的根拠に基づき算定した事業供用割合に沿って自動車に係る減価償却費や自動車税、燃料費などの車両関係費用を事業所得の金額の計算上必要経費に算入します。しかし、自動車で納税猶予の対象とされるのは、自動車税が営業用の標準税率適用のもの（緑ナンバー）とされています。従って、通常の場合は、個人開業の医師・歯科医師が事業の用に供している自動車は納税猶予の適用対象外になると考えられます。

5 特例受贈事業用資産、特例事業用資産とは

1　個人事業者が所有する資産

　個人事業者が所有している資産には、プライベートなものとして、自宅の宅地等や建物、預貯金、有価証券、書画骨董美術工芸品などがあります。また、事業用資産として、不動産貸付用の宅地等や建物、事業用預貯金などがあり、個人開業の医師・歯科医師であれば診療所用の宅地等や建物、MRIやCT、歯科用ユニット、パノラマレントゲンなどの医療用機器、その他では医薬品などの棚卸資産、事業用の預貯金、医業未収金、入居テナントビルの保証金などを所有しています。

　個人事業者が所有している資産は多岐にわたりますが、贈与税・相続税の納税猶予の対象となる「特定事業用資産」は、事業用宅地等（400㎡以下）、事業用建物（800㎡以下）、一定の減価償却資産の3つとなります。事業用の預貯金、医業未収金、入居テナントビルの保証金など特定事業用資産に該当しない事業用資産は納税猶予を受けたくても受けることはできません（措法70の6の8②一、70の6の10②一）。

　なお、納税猶予を受けるためには、事業承継者は特定事業用資産の全てを承継しなければなりません（措法70の6の8①、70の6の10①）。

2　特例受贈事業用資産、特例事業用資産

　特定事業用資産のうち、贈与税の申告書に、贈与税の納税猶予の適用を受ける旨記載された資産を「特例受贈事業用資産」といいます（措法70の6の8①カッコ書き）。

　また、特定事業用資産のうち、相続税の申告書に、相続税の納税猶予の適用を受ける旨記載された資産を「特例事業用資産」といいます（措法70の6の10①カッコ書き）。

　個人開業の医師・歯科医師が、特定事業用資産の全てを承継した場合で、その内訳が診療所用の宅地等及び建物、医療用機器など減価償却資産であったときに、診療所用の宅地等及び建物については贈与税又は相続税の申告書に納税猶予の適用を受ける旨の記載をし、医療用機器等の減価償却資産については、納税猶予の適用を受けないという選択は可能となります。

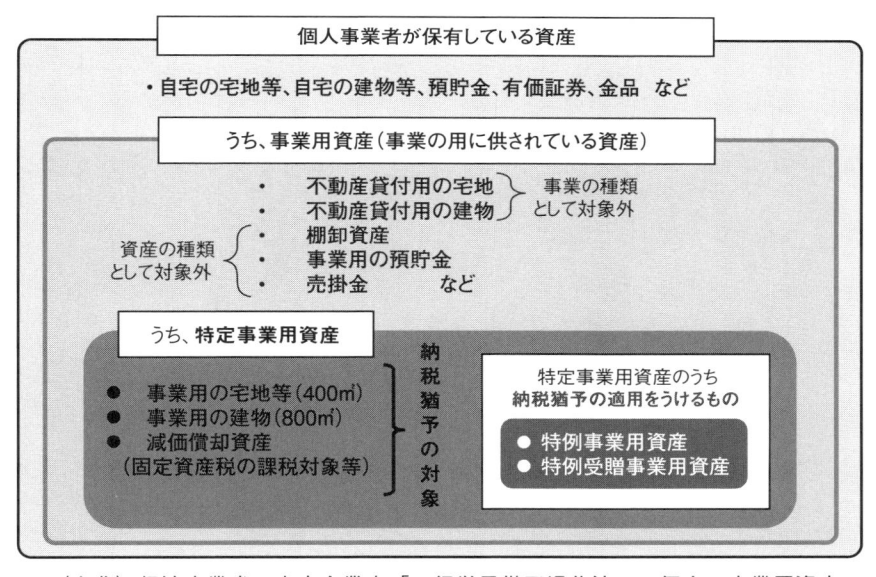

（出典）経済産業省・中小企業庁「－経営承継円滑化法－　個人の事業用資産についての相続税、贈与税の納税猶予制度の概要」より

第3章

経営承継円滑化法による認定

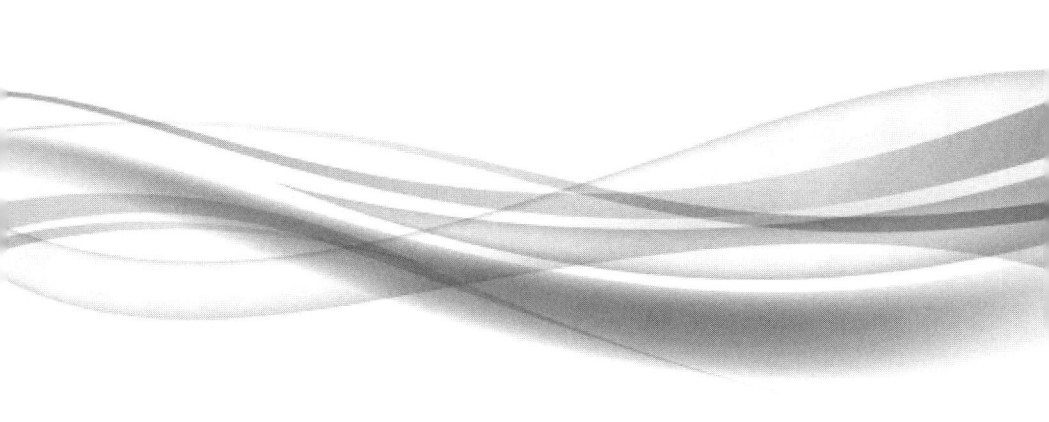

1 第一種認定・第二種認定

　個人版事業承継税制は、後継者が、特定の事業用資産を先代事業者から贈与又は相続等により取得した際に、経営承継円滑化法第12条第1項の認定を都道府県知事から受けている場合に、贈与税又は相続税について納税が猶予される制度となっています。

　経営承継円滑化法に基づく都道府県知事の認定の種類には、「第一種認定」と「第二種認定」の2パターンがあります。

　第一種認定とは、先代事業者から特定事業用資産を贈与又は相続等により取得する場合の認定で、贈与による対象者を第一種贈与認定個人事業者（円滑化法施行規則6⑯七）といい、相続による対象者を第一種相続認定個人事業者（円滑化法施行規則6⑯八）といいます。

　第二種認定とは、最初に先代事業者からの移転が行われた後、先代事業者と同一生計の親族から特定事業用資産を贈与又は相続等により取得する場合の認定をいい、贈与による対象者を第二種贈与認定個人事業者（円滑化法施行規則6⑯九）、相続による対象者を第二種相続認定個人事業者（円滑化法施行規則6⑯十）といいます。なお、第二種認定は、先代事業者からの贈与又は相続等以後、1年以内に行われた同一生計親族等からの贈与又は相続等が対象となります。

〈参考〉

認定の種類について

（例）

| 第一種認定 | 先代事業者から後継者への贈与/相続が対象となります。 |

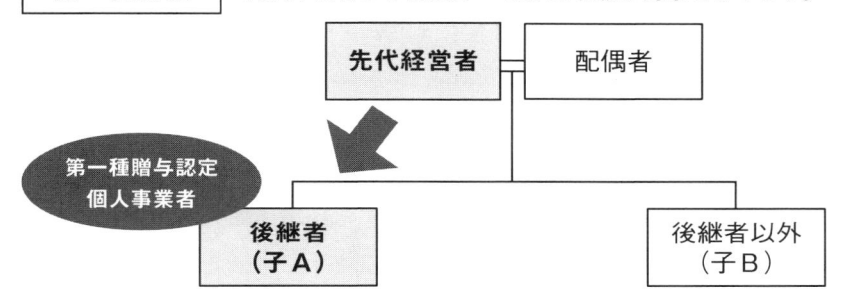

先代事業者から特定事業用資産を贈与/相続

| 第二種認定 | 最初に先代事業者からの移転が行われている必要があります。先代事業者からの贈与/相続以後、1年以内に行われた同一生計親族等からの贈与/相続が対象※となります。 |

※先代事業者が自己の事業の用に供し、かつ、先代事業者の青色申告書に記載されていた生計一親族等保有の特定事業用資産が対象となります。

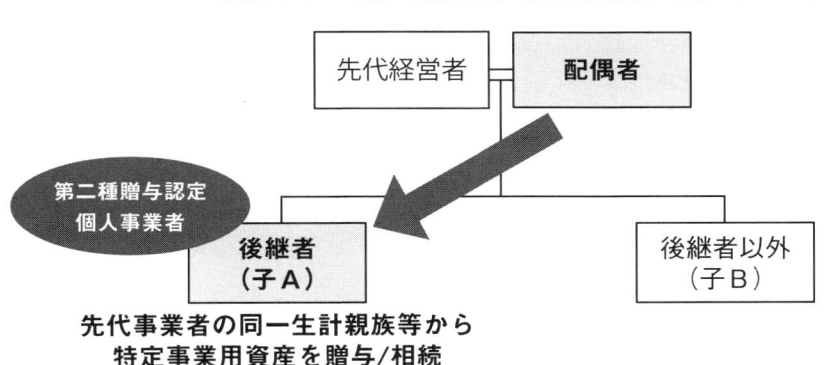

**先代事業者の同一生計親族等から
特定事業用資産を贈与/相続**

※後継者は、第一種贈与認定個人事業者であり、かつ、第二種贈与認定個人事業者となります。

（出典）経済産業省・中小企業庁「－経営承継円滑化法－　【個人版事業承継税制の前提となる経営承継円滑化法の認定申請マニュアル】2019年4月施行」より

2 個人事業承継計画の作成

(1) 個人事業承継計画の作成

　贈与税又は相続税の納税猶予の適用を受けるためには、経営承継円滑化法による認定を受けなければなりません。その認定を受けるためには、まず、平成31年4月1日から令和6年3月31日までの5年間の間に、認定経営革新等支援機関[注]の指導及び助言を受けた旨を記載した「個人事業承継計画」の提出を、先代事業者の主たる事務所所在地を管轄する都道府県庁に行うことが必要となります。なお、個人事業承継計画の作成は、特例対象となる特定事業用資産の贈与や相続等の後でも可能ですが、都道府県知事への認定申請までには作成しなければなりません。

　個人事業承継計画（様式第21の3）には、個人事業承継者（後継者候補）の氏名や特定事業用資産資産を承継する時期（予定）、その時期までの経営上の課題などを記載します（〈参考1〉参照）。

　（注）　認定経営革新等支援機関とは、中小企業が安心して経営相談等が受けられるために専門知識や実務経験が一定レベル以上の者に対し、国が認定する公的な支援機関をいう。具体的には、商工会や商工会議所などの中小企業支援者のほか、税理士、公認会計士、弁護士、金融機関等が主な認定経営革新等支援機関として認定されている。

〈参考1〉

様式第21の3

施行規則第17条第4項の規定による確認申請書
（個人事業承継計画）

年　　月　　日

都道府県知事　殿

郵 便 番 号
住　　　所
電 話 番 号
氏　　　名　　　　　　印

　中小企業における経営の承継の円滑化に関する法律施行規則第17条第1項第3号の確認を受けたいので、下記のとおり申請します。

記

1　特定事業用資産に係る事業について

主たる事業内容	
常時使用する従業員の数	人

2　先代事業者について

先代事業者の氏名	

3　個人事業承継者について

個人事業承継者の氏名	

4　先代事業者が有する特定事業用資産を個人事業承継者が取得するまでの期間における経営の計画について

特定事業用資産を承継する時期（予定）	年　月　～　　年　月

当該時期までの経営上の課題	
当該課題への対応	

5　個人事業承継者が特定事業用資産を承継した後の経営計画

具体的な実施内容

（備考）
① 用紙の大きさは、日本工業規格 A4 とする。
② 記名押印については、署名をする場合、押印を省略することができる。
③ 申請書の写し（別紙を含む）及び施行規則第 17 条第 4 項に定める書類を添付する。
④ 別紙については、中小企業等経営強化法に規定する認定経営革新等支援機関が記載する。
⑤ 認定経営革新等支援機関名については、中小企業庁ホームページ等で公表する場合がある。

（記載要領）
① 申請は個人事業承継者が行うものとし、郵便番号・住所・電話番号・氏名は、「個人事業承継者」の内容を記載する。
② 「２　先代事業者について」は、本申請を行う時における個人である中小企業者を記載する。
③ 「４　先代事業者が有する特定事業用資産を個人事業承継者が取得するまでの期間における経営の計画について」は、特定事業用資産を個人事業承継者が取得した後に本申請を行う場合には、記載を省略することができる。

［添付書類］

１．【様式第 21 の３】確認申請書（個人事業承継計画）
（原本１部、写し１部）
経営革新等支援機関の指導及び助言を受けた確認申請書を提出してください。
（記載方法については、「個人事業承継計画作成の手引き」をご覧ください。）

２．青色申告書、青色申告決算書その他の明細書
先代事業者の申請の直前の年の青色申告書、その青色申告書に添付される貸借対照表及び損益計算書その他の明細書の写しを添付してください。

３．その他、確認の参考となる書類
その他、確認の判断ができない場合、参考となる資料を提出いただくことがあります。

４．返信用封筒
定形外封筒（返信先宛先を明記してください）を同封してください。

（出典）経済産業省・中小企業庁「－経営承継円滑化法－　【個人版事業承継税制の前提となる経営承継円滑化法の認定申請マニュアル】2019 年 4 月施行」より

（別紙）

認定経営革新等支援機関による所見等

1 認定経営革新等支援機関の名称等

認定経営革新等支援機関 ID 番号	
認定経営革新等支援機関の名称	印
（機関が法人の場合）代表者の氏名	
住所又は所在地	

2 指導・助言を行った年月日
　　　　年　　　月　　　日

3 認定経営革新等支援機関による指導・助言の内容

（記載例）

様式第21の3

施行規則第17条第4項の規定による確認申請書
（個人事業承継計画）

●●●●年●●月●●日

●●県知事　殿

郵 便 番 号　000-0000
住　　　所　●●県●●市…
電 話 番 号　***-***-****
氏　　　名　中小 一郎　　印

中小企業における経営の承継の円滑化に関する法律施行規則第17条第1項第3号の確認を受けたいので、下記のとおり申請します。

記

1　特定事業用資産に係る事業について

主たる事業内容	プラスチック製品製造業
常時使用する従業員の数	15 人

2　先代事業者について

先代事業者の氏名	中小 太郎

3　個人事業承継者について

個人事業承継者の氏名	中小 一郎

4　先代事業者が有する特定事業用資産を個人事業承継者が取得するまでの期間における経営の計画について

特定事業用資産を承継する時期（予定）	2019 年～ 2020 年頃予定

当該時期までの経営上の課題	・精密機器向け部品を中心に安定した受注はあるが、受注先の高齢化が進んでおり、売上は横ばいが続いている。 ・長年勤務している従業員のうち数人が、数年後に退職予定であり、人材の採用が急務となっている。
当該課題への対応	・事業承継をきっかけに、当事業における新規分野である医療機器向け部品の製造に着手し、新規の受注先の獲得を図る。 ・現在実施しているハローワークでの求人のみならず、地元工業高校での就職説明会の実施を通じて、若手人材の獲得を図る。

5　個人事業承継者が特定事業用資産を承継した後の経営計画

具体的な実施内容
1年目：先代事業者時代の得意先との関係性を継続できるよう、引継ぎを行うとともに医療機器向け部品の試作品の作成を行う。加えて、3 年目の同部品の製造の本格化に向けて、製造の主力を担える若手人材の獲得を行う。 2年目：メイン行が実施するビジネスマッチングに積極的に参加するとともに、新規開拓を行う営業を行う従業員を増やす人材配置を行うことで、医療機器向け部品の受注先の獲得を図る。 3年目：医療機器向け部品の量産に向け、最新設備の導入を行う。その際、金融機関に対して、融資を依頼するとともに、事業承継補助金等の補助金制度の利用も併せて検討する。

（備考）
　①　用紙の大きさは、日本工業規格 A4 とする。
　②　記名押印については、署名をする場合、押印を省略することができる。
　③　申請書の写し（別紙を含む）及び施行規則第 17 条第 4 項に定める書類を添付する。
　④　別紙については、中小企業等経営強化法に規定する認定経営革新等支援機関が記載する。
　⑤　認定経営革新等支援機関名については、中小企業庁ホームページ等で公表する場合がある。

（記載要領）
　①　申請は個人事業承継者が行うものとし、郵便番号・住所・電話番号・氏名は、「個人事業承継者」の内容を記載する。
　②　「2　先代事業者について」は、本申請を行う時における個人である中小企業者を記載する。
　③　「4　先代事業者が有する特定事業用資産を個人事業承継者が取得するまでの期間における経営の計画について」は、特定事業用資産を個人事業承継者が取得した後に本申請を行う場合には、記載を省略することができる。

（別紙）

認定経営革新等支援機関による所見等

1　認定経営革新等支援機関の名称等

認定経営革新等支援機関 ID 番号	**********
認定経営革新等支援機関の名称	●●銀行　印
（機関が法人の場合）代表者の氏名	頭取 △△ △△
住所又は所在地	●●県●●市…

2　指導・助言を行った年月日
　　　2019 年 5 月 10 日

3　認定経営革新等支援機関による指導・助言の内容

長年精密機器向けのプラスチック製造を行っており、高い技術力を有しているものの、近年供給先の高齢化に伴い、売上の横ばいが続いているため、新事業への進出を提案。

また、新事業に伴い設備投資が必要不可欠である。現状は借入も少なく、健全な財務内容であるため、好条件での融資を行うことが可能。国が実施する補助金制度等も併せて紹介し、融資と補助金を併用することで設備投資を実現できるように提案した。

なお、税務面については、顧問税理士と対応を相談しながら、本税制の活用をするかどうかを検討するように助言。

⑵　個人事業承継計画に変更が生じた場合

個人事業承継計画の確認を受けた後に、計画内容に変更があった場合には、変更申請書（様式第24の3）を都道府県に提出し、確認を受けることができます。変更申請書は、新たに個人事業承継者（後継者候補）となる者が、変更前と変更後の個人事業承継者の氏名、特定事業用資産を承継する時期（予定）など変更事項を反映した計画を記載し、再度、認定経営革新等支援機関による指導及び助言を受けることが必要となります（〈参考2〉参照）。

〈参考2〉

施行規則第18条第9項の規定による変更確認申請書

年　　　月　　　日

都道府県知事　　殿

郵 便 番 号
住　　　　所
電 話 番 号
氏　　　　名　　　　　印

　　　年　　　月　　　日付けの中小企業における経営の承継の円滑化に関する法律施行規則（以下「施行規則」という。）第17条第1項第3号の確認について、下記のとおり変更したいので、施行規則第18条　□第7項　□第8項　の確認を申請します。

記

1　特定事業用資産に係る事業について

主たる事業内容	
常時使用する従業員の数	人

2　先代事業者について

先代事業者の氏名	

3　施行規則第18条第7項の確認（個人事業承継者の変更）について

（変更前）個人事業承継者の氏名	
（変更後）個人事業承継者の氏名	

4　先代事業者が有する特定事業用資産を個人事業承継者が取得するまでの期間における経営の計画について

特定事業用資産を承継する時期（予定）	年 月 ～ 年 月

40

当該時期までの経営上の課題	
当該課題への対応	

5　個人事業承継者が特定事業用資産を承継した後の経営計画

具体的な実施内容	

3 第一種贈与認定個人事業者の認定

　第一種贈与認定個人事業者として贈与税の納税猶予の適用を受けるためには、経営承継円滑化法に基づく都道府県知事の認定を受ける必要があります。その場合には以下の要件を満たさなければなりません。なお、贈与税の納税猶予の適用を受けるためには個人事業承継者は贈与税を納付することが見込まれることが必要となります。例えば、相続時精算課税の適用を受ける場合に、贈与した財産の課税価格が特別控除額（最大2,500万円）以下であるとき等は贈与税の納付が生じないため、認定を受けることはできません。

(1)　個人事業承継者（受贈者）の要件

　第一種贈与認定における個人事業承継者（受贈者）の要件は、次の①〜⑦のすべてを満たすことが必要となります。

①　個人事業承継計画の確認を受けた承継者であること

（注１）　特定事業用資産の贈与後に個人事業承継者が個人事業承継計画の確認を受けることも可能となる。その際は、都道府県知事への認定申請時までに確認を受けなければならない。

（注２）　認定されるのは個人で「中小企業者」に該当する者である。個人開業の医師・歯科医師の業種目はサービス業となるため、中小企業者に該当する要件は「常時使用する従業員数が100人以下」となる。

※「中小企業者」の判定

　業種目ごとに常時使用する従業員数で判定します。

業種目	従業員数
製造業その他	300人以下
製造業のうちゴム製品製造業（自動車又は航空機用タイヤ及びチューブ製造業並びに工業用ベルト製造業を除く）	900人以下

卸売業	100人以下
小売業	50人以下
サービス業 (下記を除く)	100人以下
サービス業のうちソフトウェア業又は情報処理サービス業	300人以下
サービス業のうち旅館業	200人以下

（出典）経済産業省・中小企業庁「－経営承継円滑化法－ 【個人版事業承継税制の前提となる経営承継円滑化法の認定申請マニュアル】2019年4月施行」より

② 贈与時に20歳以上[注3]であり、かつ、贈与の日まで引き続き3年以上特定事業用資産に係る事業[注4]（同種・類似の事業を含む。）に従事していたこと

（注3） 令和4年4月1日以降は18歳以上となる。

（注4） 「特定事業用資産に係る事業」とは、先代事業者の営む事業をいう。「同種・類似の事業」とは、日本標準産業分類における中分類（中分類のみの場合は大分類）上、同区分となる事業を指す。なお、中分類上異なる事業となる場合であっても、その従事していた業務の内容により「類似の事業に係る業務」と認められることがありえる。(例えば、介護老人保健施設において医師として業務に従事していた場合など)。また、「類似の事業に係る業務」には、業務に必要な知識・技能を習得するための学校教育法第一条に規定する大学、高等専門学校その他の教育機関における就学なども含まれる。

〈参考〉医療業と社会保険・社会福祉・介護事業の中分類の区分
（日本標準産業分類上の分類・第13回改定　平成26年4月1日施行）

大分類 P　医療，福祉
中分類　83　　医療業
　831　　病院
　　　8311　　一般病院
　　　8312　　精神科病院
　832　　一般診療所
　　　8321　　有床診療所
　　　8322　　無床診療所
　833　　歯科診療所
　　　8331　　歯科診療所
　834　　助産・看護業
　　　8341　　助産所
　　　8342　　看護業
　836　　医療に附帯するサービス業
　　　8361　　歯科技工所
　　　8369　　その他の医療に附帯するサービス業
中分類　85　　社会保険・社会福祉・介護事業
　853　　児童福祉事業
　　　8531　　保育所
　　　8539　　その他の児童福祉事業
　854　　老人福祉・介護事業
　　　8541　　特別養護老人ホーム
　　　8542　　介護老人保健施設
　　　8543　　通所・短期入所介護事業
　　　8544　　訪問介護事業
　　　8545　　認知症老人グループホーム
　　　8546　　有料老人ホーム
　　　8549　　その他の老人福祉・介護事業

〈参考〉個人事業承継者が３年以上事業従事していたことを証する書面

（例）　　　　　　　　※　令和●●年●月●日には、書面を作成した日付を記載してください。

誓約書　　　　　　　　　　令和●●年●月●日

都道府県知事　殿

経済　太郎　

中小企業における経営の承継の円滑化に関する法律第12条第1項の認定（施行規則第6条第16項第7号の事由に該当する場合）の申請をするにあたり、当該認定を受けようとする個人が、同施行規則第6条第16項第7号ホに掲げる事項に該当することを誓約します。

記

1.　先代事業者（贈与者）の氏名
　　○○　○○（住所：○○県○○市・・・）
2.　先代事業者（贈与者）の営んでいた事業
　　○○業（日本標準産業分類における分類：○○業）
3.　贈与日
　　令和○年○月○日
4.　先代事業者からの贈与以前3年間において個人事業承継者が従事していた事業内容
　　○○業（日本標準産業分類における分類：○○業）
　　従事していた期間：○年○月から贈与日まで

[作成のポイント]
○個人事業承継者が誓約してください。
○日本標準産業分類は、中分類（中分類がない場合には大分類）を記載してください。

（出典）経済産業省・中小企業庁「－経営承継円滑化法－　【個人版事業承継税制の前提となる経営承継円滑化法の認定申請マニュアル】2019 年 4 月施行」より

③　認定申請時までに開業届出書を提出していること

　（注５）　開業届出書は事業開始の日（原則、贈与の日）から１か月以内に納税地の所轄税務署長に提出する。

④　認定申請時までに青色申告の承認を受けていること又は受ける見込みであること

　（注６）　青色申告の承認を受けるためには、原則、事業開始日（原則、贈与の日）から２か月以内に所轄税務署長に申請を行う。なお、個人事業承継者が既に他の事業所得、不動産所得、山林所得に係る業務を行っている場合には、青色申告の承認を受けようとする年の３月 15 日までに申請を行うことが必要となる。

⑤　先代事業者から受贈した特定事業用資産のうち納税猶予の適用を受

けようとする資産の全部を第一種贈与申請基準日^(注7)まで引き続き有し、かつ、自己の事業の用に供していること又は供する見込みであること

（注7）　第一種贈与申請基準日とは、次に掲げる区分に応じ、それぞれに定める日をいう。

　　　イ）贈与日が1月1日から10月15日までの場合：10月15日

　　　ロ）贈与日が10月16日から12月31日までの場合：その贈与日

　　　ハ）贈与年の5月15日より前に先代事業者又は後継者の相続が開始した場合：その相続開始日の翌日から5か月経過日

（注8）　⑤の要件は、都道府県への認定申請時までに、認定経営革新等支援機関の確認を受け、かつ、確認を受けたことを証する書類を認定申請書に添付する必要がある。

〈参考〉認定経営革新等支援機関の確認を受けたことを証する書面（例）

（例）　　　　　　　　　　※　令和●●年●月●日には、確認をした日付を記載してください。

特定事業用資産の移転等に係る認定経営革新等支援機関の確認書

令和●●年●月●日

都道府県知事　殿

認定経営革新等支援機関名は、○○○○様の「中小企業における経営の承継の円滑化に関する法律第12条第1項（同法施行規則第6条第16項第7号の事由に係るものに限ります。）」の認定要件について、○○○○様から提供された情報を基に、以下の通り確認しました。

認定支援機関ID番号
所在地
認定経営革新等支援機関名
電話番号
代表者の氏名
　印

※確認時に用いた「特定事業用資産の明細」も添付して提出する。

（出典）経済産業省・中小企業庁「－経営承継円滑化法－　【個人版事業承継税制の前提となる経営承継円滑化法の認定申請マニュアル】2019年4月施行」より

⑥　先代事業者が営んでいたその事業に係る特定事業用資産の全て[注9]を取得し、かつ、当該事業に係る取引を記録し、帳簿書類の備え付けを行っている[注10]こと

（注9）　特定事業用資産の全部又は一部が共有の場合には、その共有に係る特定事業用資産については、共有持分の全部。

（注10）　個人事業承継者が、既に事業所得に係る他の事業を行っている場合には、事業ごとに取引を区分して記録し、帳簿書類の備付けを行い、かつ、区分整理していること。

（注11）　⑥の要件は、都道府県への認定申請時までに、認定経営革新等支援機関の確認を受け、かつ、確認を受けたことを証する書類を認定申請書に添付する必要がある。

⑦　第一種贈与申請基準日において、受贈した特定事業用資産に係る事業が性風俗関連特殊営業に該当しないこと

〈参考〉性風俗関連特殊営業に該当しない誓約書（例）

（例）　　　　　　※　令和●●年●月●日には、誓約書を作成した日付を記載してください。

誓約書

令和●●年●月●日

都道府県知事　殿

経済　太郎　

　中小企業における経営の承継の円滑化に関する法律第12条第1項の認定（施行規則第6条第16項第7号の事由に該当する場合）の申請をするにあたり、当該認定を受けようとする事業が、贈与又は相続の開始の時以後において、同法施行規則で規定する性風俗関連特殊営業に該当しないことを誓約します。

記

　贈与又は相続の開始の時以後において、個人事業承継者が営む事業内容

　　　○○業（日本標準産業分類における分類：○○業）

[作成のポイント]
○個人事業承継者が誓約してください。
○日本標準産業分類は、中分類（中分類がない場合には大分類）を記載してください。

（出典）経済産業省・中小企業庁「―経営承継円滑化法― 【個人版事業承継税制の前提となる経営承継円滑化法の認定申請マニュアル】2019年4月施行」より

(2) 先代事業者（贈与者）の要件

第一種贈与認定における先代事業者（贈与者）の要件は、次の①〜⑤のすべてを満たすことが必要となります。

① 贈与年、その前年及びその前々年において、事業所得に係る青色申告書（租税特別措置法25条の2第3項の規定の適用に係るもの（65万円（令和2年以降は55万円）の青色申告特別控除）に限る。）を提出していた者であること

② 贈与年の前年において、特定事業用資産に係る事業の総収入金額が零を超えること

（注12）承継後、認定の有効期間中に個人事業承継者の営む事業の総収入金額が零の場合には、認定の取消事由に該当する。

③ 認定申請時までに贈与した特定事業用資産に係る事業を廃止した旨の届出を提出していること

④ 既に個人版事業承継税制の適用に係る贈与をした者でないこと^(注13)

（注13）既に個人版事業承継税制の適用に係る贈与をしている先代事業者は、再度この制度の適用に係る贈与をすることはできない。ただし、同一年中に限り、事業ごとに個人事業承継者に対し贈与することも可能である。この場合には、個人事業承継計画の提出及び認定申請は個人事業承継者ごとに行う必要がある。

〈参考〉複数人へ贈与できる場合

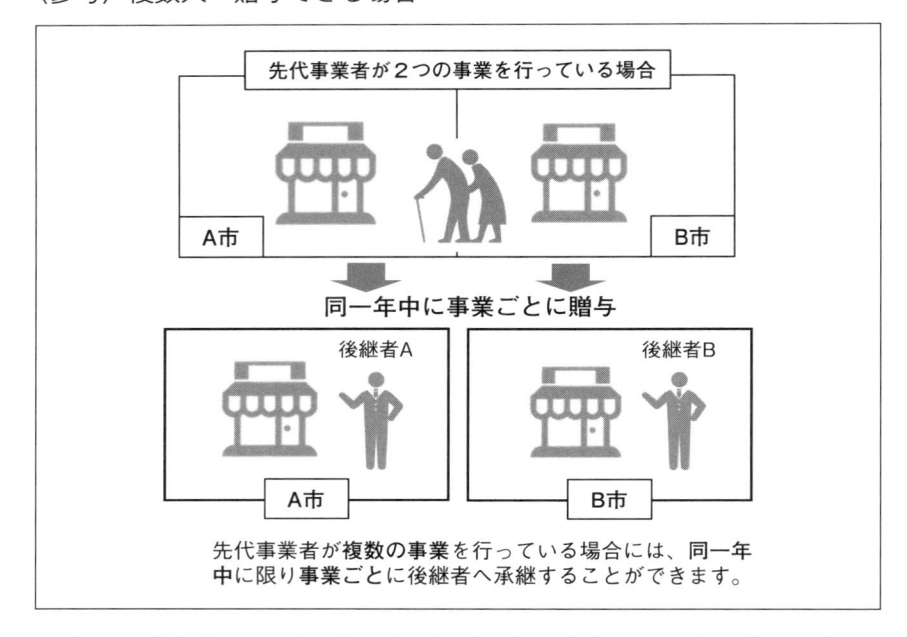

（出典）経済産業省・中小企業庁「－経営承継円滑化法－【個人版事業承継税制の前提となる経営承継円滑化法の認定申請マニュアル】2019年4月施行」より

⑤　贈与年の前年において、特定事業用資産に係る事業が、資産保有型事業・資産運用型事業・性風俗関連特殊営業に該当しないこと

（注14）承継後、認定の有効期間中に個人事業承継者の営む事業が資産保有型事業等に該当した場合には、認定の取消事由に該当する。

〈参考〉資産保有型事業とは

　個人である中小企業者が営む特定事業用資産に係る事業が、一の日において、下記算式により算定した割合が70％以上である場合における当該事業をいいます。

$$\frac{\substack{\text{特定個人事業資産の帳簿価額の合計額} \\ \text{（＋特別関係者に支払われた} \\ \text{必要経費不算入対価等）}}}{\substack{\text{特定事業用資産に係る事業所得の貸借対照表に} \\ \text{計上されている資産の帳簿価額の総額} \\ \text{（＋特別関係者に支払われた} \\ \text{必要経費不算入対価等）}} \geqq 70\%$$

※　特定事業用資産に係る事業所得の貸借対照表に計上されている資産の帳簿価額の総額及び特定個人事業資産の帳簿価額の合計額の算定に際しては、以下の点に留意が必要です。

1．貸借対照表に計上されている帳簿価額を用いて計算してください。

2．減価償却資産については、対応する減価償却累計額を控除した後の帳簿価額を用いてください（直接減額方式にあわせて計算します）。

3．貸倒引当金等の評価性引当金については、資産の帳簿価額の総額・特定個人事業資産の帳簿価額の合計額から控除しないでください。

なお、上記計算式による特定個人事業資産の割合が70％以上となる場合であっても、やむを得ない事由により特定個人事業資産の割合が70％以上となる場合には、一定の期間、資産運用型事業に該当しないものとみなされます。

○やむを得ない事由による場合
【資産保有型事業の判定上、やむを得ない事由に該当する場合】

　個人である中小企業者が事業活動のために必要な資金の借入れを行ったこと、事業の用に供していた資産の譲渡又は当該資産について生じた損害に基因した保険金の取得その他租税特別措置法施行規則第23条の8の8第7項に規定する事由が生じたことにより、特定個人事業資産の割合が70％以上となった場合には、当該やむを得ない事由が生じた日から同日以後六月を経過する日までの期間は、資産保有型事業に該当しないものとみなされます。

○やむを得ない事由が生じた場合のイメージ

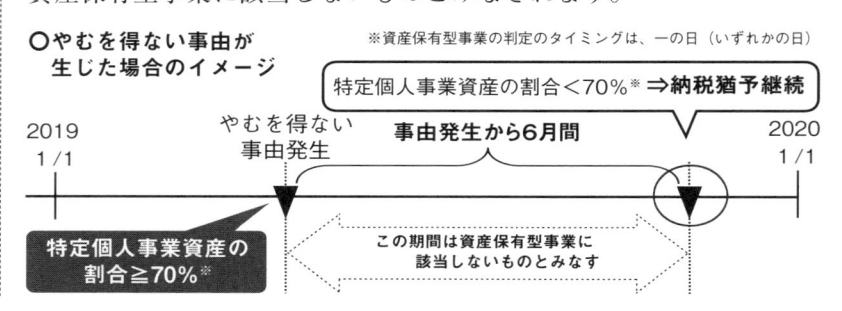

※資産保有型事業の判定のタイミングは、一の日（いずれかの日）

特定個人事業資産の割合＜70％※ ⇒納税猶予継続

| 2019 1/1 | やむを得ない 事由発生 | 事由発生から6月間 | 2020 1/1 |

特定個人事業資産の割合≧70％※

この期間は資産保有型事業に該当しないものとみなす

(1)　特定個人事業資産

　個人である中小企業者の特定事業用資産に係る事業所得の貸借対照表に計上されている資産のうち、次に掲げるものが該当します。

①　有価証券等

　国債証券、地方債証券、株券その他の金融商品取引法第2条第1項に規定する有価証券と持分会社の持分です。

②　現に自ら使用していない不動産

　申請者が所有している不動産のうち、現に自ら使用していないものです。太陽光発電設備を設置している不動産や販売用として保有する不動産（仕掛中の未成工事支出金等を含む。）についてもこれに該当するので、申請者自身が自らの事務所や工場として使用している不動産以外のものすべてが該当することになります。

　また、一棟の建物のうちに現に自ら使用する部分とそれ以外の部分とがある場合には、一棟の建物の価額を床面積割合その他合理的と認められる割合により按分した価額をもってそれぞれの部分の価額を認識します。

③　ゴルフ会員権等

　ゴルフ会員権、スポーツクラブ会員権、リゾート会員権などです。ただし、ゴルフ会員権等の販売業者が販売目的で所有しているものは、特定個人事業資産から除外されますが、接待用で所有しているものについては、営業先の開拓のためであっても特定個人事業資産に該当します。

④　絵画、貴金属等

　絵画、彫刻、工芸品、陶磁器、骨董品などの文化的動産、金、銀などの貴金属、ダイヤモンドなどの宝石です。ただし、これらの資

産の販売業者（画廊、骨董品店、宝石店等）が販売目的で所有しているものは、除外されます。

⑤　**現預金その他これらに類する資産**

　現金や預貯金その他これらに類する資産であり、申請者やその特別関係者に対する貸付金や未収金その他これらに類する資産も含まれるものとし、これらの者に対する預け金や差入保証金なども原則としてこれに該当します。

(2)　**特別関係者に対する必要経費不算入対価等**

　特別関係者に対して支払われた必要経費不算入対価等については、特定個人事業資産に加算して、資産保有型事業の判定をします。

　この必要経費不算入対価等とは、個人である中小企業者の特別関係者が当該個人である中小企業者の特定事業用資産に係る事業に従事したことその他の事由により支払を受けた対価又は給与の金額であって、当該個人である中小企業者の事業所得の計算上、所得税法第56条又は第57条の規定により必要経費に算入されるもの以外のものをいいます。

　なお、加算の対象期間は、当該個人である中小企業者が最初に経営承継円滑化法第12条第1項（施行規則第6条第16項第7号の事由に係るものに限る）の認定に係る贈与の日又は経営承継円滑化法第12条第1項（施行規則第6条第16項第8号の事由に係るものに限る）の認定に係る相続の開始の日から当該一の日までとなります。

（出典）経済産業省・中小企業庁「－経営承継円滑化法－　【個人版事業承継税制の前提となる経営承継円滑化法の認定申請マニュアル】2019年4月施行」より

〈参考〉資産運用型事業とは

　一の年における事業所得に係る総収入金額に占める特定個人事業資産に係る運用収入の割合が、各年末の時点において75％以上である場合における当該事業をいいます。

$$\frac{\text{特定個人事業資産の運用収入}}{\text{特定事業用資産に係る事業所得の総収入金額}} \geq 75\%$$

　総収入金額は、損益計算書上の売上金額（事業付随収入を含みます。）です。

　また、特定個人事業資産の運用収入には、特定個人事業資産からの収入（例えば太陽光発電による売電収入）や特定個人事業資産の譲渡（譲渡価額そのものが運用収入となります。）などが含まれます。

　なお、上記計算式による特定個人事業資産の運用収入の割合が75％以上となる場合であっても、やむを得ない事由により特定個人事業資産の運用収入の割合が75％以上となる場合には、一定の期間、資産保有型事業に該当しないものとみなされます。

○やむを得ない事由による場合
【資産保有型事業の判定上、やむを得ない事由に該当する場合】
　個人である中小企業者が事業活動のために特定個人事業資産を売却したことその他租税特別措置法施行規則第23条の8の8第9項に規定する事由が生じたことにより、一の年における総収入金額に

占める特定個人事業資産の運用収入の合計額の割合が75％以上となった場合には、当該やむを得ない事由が生じた日の属する年及びその翌年は、資産運用型事業に該当しないものとみなされます。

○やむを得ない事由が生じた場合のイメージ　　※資産運用型事業の判定のタイミングは年末

（出典）経済産業省・中小企業庁「－経営承継円滑化法－　【個人版事業承継税制の前提となる経営承継円滑化法の認定申請マニュアル】2019年4月施行」より

(3)　手続きの流れ

　個人である中小企業者が経営承継円滑化法第12条第1項の認定（贈与税の納税猶予の認定）を受けようとする場合の基本的な手続きの流れは次のとおりとなります。

個人事業承継計画の作成

個人事業承継計画の作成

個人事業承継計画の作成

　個人事業承継計画は、2019年4月1日から2024年3月31日まで提出することができます。

　なお、個人事業承継計画の提出先は、<u>「先代事業者」の主たる事務所の所在地を管轄する都道府県庁</u>になります。

　また、特定事業用資産の贈与後に個人事業承継計画を作成することも可能です。都道府県知事への認定申請時までに作成してください。

1/1 ～ 12/31

特定事業用資産の贈与

　認定を受けるためには、<u>先代事業者は認定申請時までに「廃業の届出書」</u>を提出し、<u>個人事業承継者は①認定申請時までに「開業の届出書」を、②原則、贈与の日から2月以内に「青色申告承認申請書」を所轄税務署長へ提出する必要があります。</u>

　なお、<u>個人事業承継者が既に他の業務を行っている場合には、青色申告承認申請書を贈与日の属する年の3月15日までに提出する必要が</u>あります。

10/15 ～ 翌年 1/15

都道府県知事への認定申請

　第一種贈与申請基準日から贈与日の属する年の翌年の1月15日までの間に、<u>「個人事業承継者」の主たる事務所の所在地を管轄する都道府県庁</u>へ認定申請をしてください。

　申請書は、「様式第7の5」を使用してください。

（出典）経済産業省・中小企業庁「－経営承継円滑化法－　【個人版事業承継税制の前提となる経営承継円滑化法の認定申請マニュアル】2019年4月施行」より

様式第7の5

第一種贈与認定個人事業者に係る認定申請書

年　　月　　日

都道府県知事　殿
郵 便 番 号
住　　　　所
電 話 番 号
氏　　　　名　　　　　　　印

　中小企業における経営の承継の円滑化に関する法律第12条第1項の認定（同法施行規則第6条第16項第7号の事由に係るものに限る。）を受けたいので、下記のとおり申請します。

記

1　個人事業承継計画の確認について

施行規則第17条第1項第3号の確認（施行規則第18条第7項又は第8項の変更の確認をした場合には変更後の確認）に係る確認事項	確認の有無		□有 □無（本申請と併せて提出）
	「有」の場合	確認の年月日及び番号	年　月　日（　　号）
		先代事業者の氏名	
		個人事業承継者の氏名	

2　第一種贈与認定を受けようとする事業について

贈与時の常時使用する従業員の数	人	主たる事業内容

3　贈与者（先代事業者）及び第一種贈与認定申請個人事業者について

贈与日	年　　月　　日

第一種贈与申請基準日		年　　　月　　　日
贈与税申告期限		年　　　月　　　日
贈与者	氏名	
	贈与の時の住所	
	贈与の時における過去の法第12条第1項の認定（施行規則第6条第16項第7号又は第9号の事由に係るものに限る。）に係る贈与の有無	□有 （　　　年　　　月　　　日認定） □無
	特定事業用資産に係る事業についての廃業の届出書の提出の有無	□有 （　　　年　　　月　　　日提出） □無
	贈与日の属する年、その前年及びその前々年における青色申告書の提出の有無	□有　□無
第一種贈与認定申請個人事業者	氏名	
	住所	
	贈与日における年齢及び生年月日	歳 （　　　年　　　月　　　日生）
	贈与時における贈与者との関係	□直系卑属 □直系卑属以外の親族 □親族外
	開業の届出書の提出の有無	□有 （　　　年　　　月　　　日提出） □無
	贈与の日前3年以上にわたる特定事業用資産に係る事業又はこれと同種若しくは類似の事業への従事の有無	□有 （　　　年　　　月　　　日から従事） □無
	青色申告の承認の申請書の提出の有無	□有 （　　　年　　　月　　　日提出） □無
	下記の事項についての認定経営革新等支援機関の確認の有無。	□有 （　　　年　　　月　　　日確認） □無

	贈与者が営んでいたその事業に係る特定事業用資産の全て^(*1)の贈与を受けていること	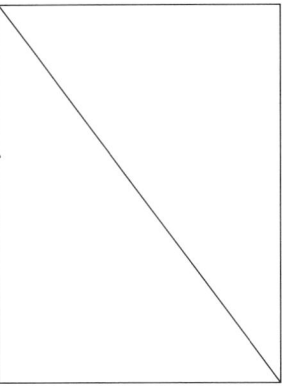
	第一種贈与申請基準日まで^(*1)のうち租税特別措置法第70条の6の8第1項の適用を受けようとする特定事業用資産の全部を有し、かつ自己の事業の用に供している又は供する見込みであること	

（備考）

① 用紙の大きさは、日本工業規格 A4とする。

② 記名押印については、署名をする場合、押印を省略することができる。

③ 申請書の写し（別紙を含む）及び施行規則第7条第10項各号に掲げる書類を添付する。

④ 「施行規則第17条第1項第3号の確認（施行規則第18条第7項又は第8項の変更の確認をした場合には変更後の確認）に係る確認事項」については、当該確認を受けていない場合には、本申請と併せて施行規則第17条第4項に定める書類を添付する。また、施行規則第18条第7項又は第8項に定める変更をし、当該変更後の確認を受けていない場合には、本申請と併せて同条第9項の規定により読み替えられた前条第4項に定める書類を添付する。

（別紙）

先代事業者の特定個人事業資産等について

先代事業者の贈与年の前年における特定個人事業資産等に係る明細表					
種別		内容	利用状況	帳簿価額	運用収入
有価証券				(1)　　　　円	(10)　　　　円
不動産	現に自ら使用しているもの			(2)　　　　円	(11)　　　　円
	現に自ら使用していないもの			(3)　　　　円	(12)　　　　円
ゴルフ場その他の施設の利用に関する権利	販売することを目的として有するもの			(4)　　　　円	(13)　　　　円
	販売することを目的としないで有するもの			(5)　　　　円	(14)　　　　円
絵画、彫刻、工芸品その他の有形の文化的所産である動産、貴金属及び宝石	販売することを目的として有するもの			(6)　　　　円	(15)　　　　円
	販売することを目的としないで有するもの			(7)　　　　円	(16)　　　　円
現金、預貯金等	現金及び預貯金その他これらに類する資産			(8)　　　　円	(17)　　　　円
	先代事業者及び特別関係者（施行規則第1条第25項に掲げる者をいう。）に対する貸付金及び未収金その他これらに類する資産			(9)　　　　円	(18)　　　　円

特定個人事業資産の帳簿価額の合計額	(19) = (1) + (3) + (5) + (7) + (8) + (9) 　　　　　円	特定個人事業資産の運用収入の合計額	(21) = (10) + (12) + (14) + (16) + (17) + (18) 　　　　　円
資産の帳簿価額の総額	(20) 　　　　　円	総収入金額	(22) 　　　　　円
特定個人事業資産の帳簿価額等の合計額が資産の帳簿価額等の総額に対する割合	(23) = (19) / (20) 　　　　　%	特定個人事業資産の運用収入の合計額が総収入金額に占める割合	(24) = (21) / (22) 　　　　　%

やむを得ない事由により資産保有型事業又は資産運用型事業に該当した場合

該当した日	年　　　月　　　日
その事由	
解消見込時期	年　　　月頃

（記載要領）
① 単位が「％」の欄は小数点第１位までの値を記載する。
② 「先代事業者の贈与年の前年における特定個人事業資産等に係る明細表」については、贈与年の前年における贈与者が営んでいた特定事業用資産に係る事業の青色申告書の貸借対照表に計上されていた資産の金額を記載する。
③ 「先代事業者の贈与年の前年における特定個人事業資産等に係る明細表」については、「特定個人事業資産」又は「運用収入」については、該当するものが複数ある場合には同様の欄を追加して記載する。
④ 「やむを得ない事由により資産保有型事業又は資産運用型事業に該当した場合」については、その該当した日、その理由及び解消見込時期を記載する。

4 第二種贈与認定個人事業者の認定

　第二種贈与認定個人事業者として贈与税の納税猶予の適用を受けるためには、経営承継円滑化法に基づく都道府県知事の認定を受ける必要があります。その場合には以下の要件を満たさなければなりません。

(1) 個人事業承継者（受贈者）の要件

①	個人事業承継計画の確認を受けた承継者であること
②	生計一親族等からの贈与の時において、先代事業者からの経営承継円滑化法第12条第1項の認定に係る贈与又は相続を受けていること
③	生計一親族等からの贈与が、先代事業者の経営承継円滑化法第12条第1項の認定に係る贈与の日又は相続の開始の日から1年以内に行われていること
④	生計一親族等が有する先代事業者が営んでいたその事業に係る特定事業用資産の全てを取得していること
⑤	生計一親族等から受贈した特定事業用資産のうち納税猶予の適用を受けようとする資産の全部を第二種贈与申請基準日まで引き続き有し、かつ、自己の事業の用に供していること又は供する見込みであること
⑥	第二種贈与申請基準日^(注)において、生計一親族等から受贈した特定事業用資産に係る事業が性風俗関連特殊営業に該当しないこと
	(注)　第二種贈与申請基準日とは、次に掲げる区分に応じ、それぞれに定める日をいう。 　イ）　贈与の日が1月1日から10月15日までの場合：10月15日 　ロ）　贈与の日が10月16日から12月31日までの場合：その贈与の日 　ハ）　贈与年の5月15日より前に先代事業者又は後継者の相続が開始した場合：その相続開始の日の翌日から5月を経過する日

　要件の②及び③により、生計一親族等からの贈与について、贈与税の納税猶予を受けることができる期間は次のようになります。先代事業者からの贈与（第一種贈与）や相続（第一種相続）と生計一親族等からの贈与（第二種贈与）は同日でも適用可能となりますが、必ず、先代事業者からの贈与・相続が先に行われているが必要となります。

【先代事業者からの承継（第一種）が贈与である場合】

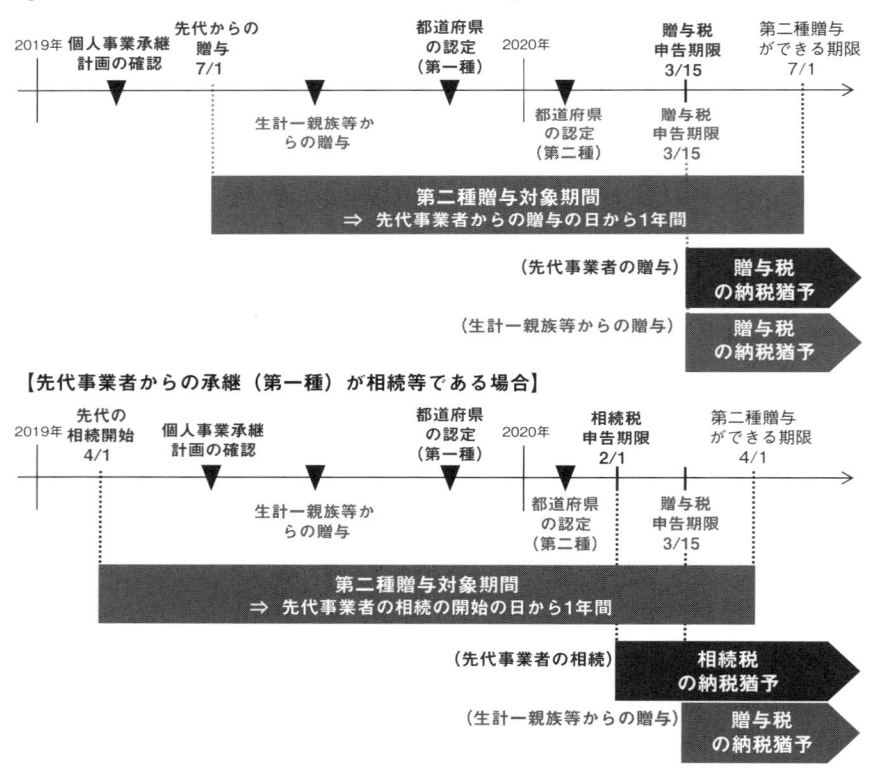

【先代事業者からの承継（第一種）が相続等である場合】

（出典）経済産業省・中小企業庁「－経営承継円滑化法－　【個人版事業承継税制の前提となる経営承継円滑化法の認定申請マニュアル】2019年4月施行」より

(2)　生計一親族等（贈与者）の要件

---

① 　先代事業者の生計一親族等であること

（注1）　生計一親族等とは、先代事業者と生計を一にする配偶者その他の親族
　　　　（先代事業者の相続開始直前に先代事業者と生計を一にしていた親族を含
　　　　む。）をいう。

② 　既に個人版事業承継税制の適用に係る贈与をした者でないこと

（注2）　既に個人版事業承継税制の適用に係る贈与をしている生計一親族等は、
　　　　再度この制度の適用に係る贈与をすることはできない。ただし、同一年
　　　　中に限り、事業ごとに個人事業承継者に対し贈与することは可能となる。

---

(3)　手続きの流れ

　個人である中小企業者が経営承継円滑化法第12条第1項の認定（贈
与税の納税猶予の認定）を受けようとする場合の手続きの流れは次のと
おりとなります。

<table>
<tr><td>

**先代
事業者
からの
移転**

</td><td>

個人事業承継計画の作成

</td></tr>
</table>

先代事業者からの贈与	**先代事業者の相続の発生**

　個人事業承継計画は、2019 年 4月1日から 2024 年 3月31日まで提出することができます。

　先代事業者からの贈与又は相続後に個人事業承継計画を作成することも可能です。都道府県知事への認定申請時までに作成してください。

先代事業者からの移転後1年以内に贈与

生計一親族等からの贈与

　先代事業者からの贈与又は相続以後に、生計一親族等が先代事業者の事業の用に供されていた特定事業用資産を贈与（先代事業者からの贈与の日又は相続の開始の日から1年を経過する日までに行われるものに限ります。）している必要があります。

**10/15
〜
翌年
1/15**

都道府県知事への認定申請

　第二種贈与申請基準日から贈与日の属する年の翌年の 1月15日までの間に、<u>「個人事業承継者」の主たる事務所の所在地を管轄する都道府県庁</u>へ認定申請してください。

　なお、申請書は、「様式第7の6」を使用してください。

（出典）経済産業省・中小企業庁「－経営承継円滑化法－ 【個人版事業承継税制の前提となる経営承継円滑化法の認定申請マニュアル】2019年4月施行」より

〈参考〉

様式第7の6

第二種贈与認定個人事業者に係る認定申請書

年　　月　　日

都道府県知事　　殿

郵 便 番 号
住　　　所
電 話 番 号
氏　　　名　　　　　印

　中小企業における経営の承継の円滑化に関する法律第12条第1項の認定（同法施行規則第6条第16項第9号の事由に係るものに限る。）を受けたいので、下記のとおり申請します。

記

1　第一種認定贈与又は第一種認定相続について

本申請に係る認定にあたり必要な施行規則第6条第16項第7号に係る第一種認定贈与又は同項第8号の事由に係る第一種認定相続の有無	□有 （　　　　年　　　月　　　日認定） □無 （　　　　年　　　月　　　日提出）
当該贈与者（当該被相続人）	
第一種贈与（相続）認定個人事業者	
□当該贈与の日　□当該相続の開始の日	年　　　月　　　日
主たる事業内容	
第二種贈与時における常時使用する従業員数	人

2　贈与者（生計一親族等）及び第二種贈与認定申請個人事業者について

贈与日	年　　　月　　　日
第二種贈与申請基準日	年　　　月　　　日
贈与税申告期限	年　　　月　　　日

	氏名	
贈与者	贈与時の住所	
	贈与時における過去の法第12条第1項の認定（施行規則第6条第16項第7号又は第9号の事由に係るものに限る。）に係る贈与の有無	□有 （　　年　　月　　日） □無
	贈与時（先代事業者が死亡している場合には、先代事業者の相続の開始の直前）における　先代事業者と贈与者との関係	□生計一親族等 □生計一親族等以外
第二種贈与認定申請個人事業者	氏名	
	住所	
	贈与日における年齢及び生年月日	歳 （　　年　　月　　日生）
	贈与時における贈与者との関係	□直系卑属 □直系卑属以外の親族 □親族外
	下記の事項についての認定経営革新等支援機関の確認の有無。	□有 （　　年　　月　　日確認） □無
	贈与者が有していた、先代事業者が営んでいたその事業に係る特定事業用資産の全て(*1)の贈与を受けていること	
	第二種贈与申請基準日まで、(*1)のうち租税特別措置法第70条の6の8第1項の適用を受けようとする特定事業用資産の全部を有し、かつ自己の事業の用に供している又は供する見込みであること	

（備考）
① 用紙の大きさは、日本工業規格 A4とする。
② 記名押印については、署名をする場合、押印を省略することができる。
③ 申請書の写し及び施行規則第7条第12項各号に掲げる書類を添付する。
④ 「施行規則第17条第1項第3号の確認（施行規則第18条第7項又は第8項の変更の確認をした場合には変更後の確認）に係る確認事項」については、当該確認を受けていない場合には、本申請と併せて施行規則第17条第4項に定める書類を添付する。また、施行規則第18条第7項又は第8項に定める変更をし、当該変更後の確認を受けていない場合には、本申請と併せて同条第9項の規定により読み替えられた前条第4項に定める書類を添付する。

5　第一種相続認定個人事業者の認定

　第一種相続認定個人事業者として相続税の納税猶予の適用を受けるためには、経営承継円滑化法に基づく都道府県知事の認定を受ける必要があります。その場合には以下の要件を満たさなければなりません。なお、相続税の納税猶予の適用を受けるためには個人事業承継者は相続税を納付することが見込まれることが必要となります。また、相続による取得のほか、遺贈又は死因贈与による取得も相続等による取得に含まれます。

(1)　個人事業承継者（相続人等）の要件

　第一種相続認定における個人事業承継者（相続人等）の要件は、次の①〜⑦のすべてを満たすことが必要となります。

①　個人事業承継計画の確認を受けた承継者であること

　（注）　特定事業用資産の相続等後に個人事業承継者が個人事業承継計画の確認を受けることも可能となる。その際は、都道府県知事への認定申請時までに確認を受けなければならない。

②　相続の開始の直前において特定事業用資産に係る事業（これと同種・類似の事業を含む。）に従事していたこと（先代事業者が60歳未満で死亡した場合を除く）

〈参考〉個人事業者が事業に従事していたことを証する書面（例）

（例）　　　　　　　　　　※　令和●●年●月●日には、書面を作成した日付を記載してください。

誓約書　　　　　　　　　令和●●年●月●日

都道府県知事　殿

経済　太郎　　

中小企業における経営の承継の円滑化に関する法律第12条第1項の認定(施行規則第6条第16項第8号の事由に該当する場合)の申請をするにあたり、当該認定を受けようとする個人が、同施行規則第6条第16項第8号ニに掲げる事項に該当することを誓約します。

記

1.　先代事業者（被相続人）の氏名
　　○○　○○（住所：○○県○○市・・・）
2.　先代事業者（被相続人）の営んでいた事業
　　○○業（日本標準産業分類における分類：○○業）
3.　先代事業者の相続の開始の直前において個人事業承継者が従事していた事業内容
　　○○業（日本標準産業分類における分類：○○業）

[作成のポイント]
○個人事業承継者が誓約してください。
○日本標準産業分類は、中分類（中分類がない場合には大分類）を記載してください。
○先代事業者が60歳未満で死亡した場合には当該誓約書は不要です。

（出典）経済産業省・中小企業庁「－経営承継円滑化法－　【個人版事業承継税制の前提となる経営承継円滑化法の認定申請マニュアル】2019年4月施行」より

③　認定申請時までに開業の届出書を提出していること

④　認定申請時までに青色申告の承認を受けていること又は受ける見込みであること

　（注1）　青色申告の承認を受けるためには申請書の提出が必要となる。
　　（イ）　原則
　　　青色申告書による申告をしようとする年の3月15日までに青色申告承認申請書を納税地の所轄税務署長に提出することが必要となる（所法144）。
　　　ただし、その年の1月16日以後、新たに事業を開始した場合や、不動産の貸付けを開始した場合には、その事業開始等の日から2月以内に申請書を提出することが必要となる。

　（ロ）　被相続人が青色申告で、かつ、相続人が事業承継する場合
　青色申告の承認を受けていた被相続人の事業を相続により承継した場合は、相続開始を知った日の時期に応じて、それぞれ次の期間内に青色申告承認申請書を提出することができる。
　　・相続開始の日がその年の1月1日〜8月31日までの場合……相続開始の日から4か月以内
　　・相続開始の日がその年の9月1日〜10月31日までの場合……その年の12月31日まで
　　・相続開始の日がその年の11月1日から12月31日までの場合……その年の翌年の2月15日まで

⑤　第一種相続申請基準日^(注2)において、相続等した特定事業用資産に係る事業が性風俗関連特殊営業に該当しないこと
（注2）　第一種相続申請基準日とは、相続開始の日の翌日から5カ月を経過する日をいう。

⑥　先代事業者が営んでいたその事業に係る特定事業用資産の全てを取得し、かつ、その事業に係る取引を記録し、帳簿書類の備え付けを行っていること

⑦　先代事業者から相続等した特定事業用資産のうち納税猶予の適用を受けようとする資産の全部を第一種相続申請基準日まで引き続き有し、かつ、自己の事業の用に供していること又は供する見込みであること

(2)　先代事業者（被相続人）の要件

　第一種相続認定における先代事業者（被相続人）の要件は、次の①〜③のすべてを満たすことが必要となります。

①　相続年、その前年及びその前々年において、事業所得に係る青色申告書（65万円（令和2年以降は55万円）の青色申告特別控除に限る。）

を提出している者であること

② 相続年の前年において、特定事業用資産に係る事業の総収入金額が零を超えること

　（注）　承継後、認定の有効期間中に個人事業承継者の営む事業の総収入金額が零の場合には、認定の取消事由に該当する。

③ 相続年の前年において、特定事業用資産に係る事業が、資産保有型事業・資産運用型事業・性風俗関連特殊営業に該当しないこと

(3)　手続きの流れ

個人である中小企業者が経営承継円滑化法第12条第1項の認定（相続税の納税猶予制度の認定）を受け、相続税の申告・担保の提供にいたる流れは次のとおりとなります。

個人事業承継計画の作成

個人事業承継計画の作成

個人事業承継計画は、2019年4月1日から2024年3月31日まで提出することができます。

なお、個人事業承継計画の提出先は、「先代事業者」の主たる事務所の所在地を管轄する都道府県庁になります。

また、先代事業者の相続の開始以後に個人事業承継計画を作成することも可能です。都道府県知事への認定申請時までに作成してください。

相続の発生

特定事業用資産の相続又は遺贈

認定を受けるためには、個人事業承継者は、①認定申請時までに「開業の届出書」を、②相続の開始の日から一定期間内に「青色申告承認申請書」を所轄税務署長へ提出する必要があります。

都道府県知事への認定申請

10ヶ月以内　8ヶ月以内

相続の開始の日の翌日から5カ月を経過する日（第一種相続申請基準日）から相続開始の日から8カ月を経過する日までの間に、「個人事業承継者」の主たる事務所の所在地を管轄する都道府県庁へ認定申請をしてください。申請書は、「様式第8の5」を使用してください。

相続税の申告・担保の提供

相続の開始があったことを知った日の翌日から10ヶ月以内に、所轄の税務署へ相続税の申告をしてください。（都道府県知事の認定書とその他の必要書類の提出が必要です。）

また、納税が猶予される相続税額及び利子税の額に見合う担保を税務署に提供する必要があります。

（出典）経済産業省・中小企業庁「－経営承継円滑化法－【個人版事業承継税制の前提となる経営承継円滑化法の認定申請マニュアル】2019年4月施行」より

様式第8の5

第一種相続認定個人事業者に係る認定申請書

年　　月　　日

都道府県知事　　殿

郵 便 番 号

住　　　　所

電 話 番 号

氏　　　名　　　　　　　印

　中小企業における経営の承継の円滑化に関する法律第12条第1項の認定（同法施行規則第6条第16項第8号の事由に係るものに限る。）を受けたいので、下記のとおり申請します。

記

1　個人事業承継計画の確認について

施行規則第17条第1項第3号の確認（施行規則第18条第7項又は第8項の変更の確認をした場合には変更後の確認）に係る確認事項	確認の有無		□有 □無（本申請と併せて提出）
	「有」の場合	確認の年月日及び番号	年　　月　　日（　　　号）
		先代事業者の氏名	
		個人事業後継者の氏名	

2　第一種相続認定を受けようとする事業について

相続開始時の常時使用する従業員の数	人	主たる事業内容	

3　被相続人及び第一種相続認定申請個人事業者について

相続開始日			年　　　月　　　日	
第一種相続申請基準日			年　　　月　　　日	
相続税申告期限			年　　　月　　　日	
被相続人	氏名			
	最後の住所			
	相続の開始の時の年齢			
	相続開始日の属する年、その前年及びその前々年における青色申告書の提出の有無	□有　　□無		
第一種相続認定申請個人事業者	氏名			
	住所			
	相続開始日における年齢			
	相続時における被相続人との関係	□直系卑属 □直系卑属以外の親族 □親族外		
	開業の届出書の提出の有無	□有 （　　年　　月　　　日提出） □無		
	相続の直前における当該特定事業用資産に係る事業又はこれと同種若しくは類似の事業への従事の有無	□有 （　　年　　月　　日から従事） □無		
	青色申告の承認の申請書の提出の有無	□有 （　　年　　月　　　日提出） □無		

	下記の事項についての認定経営革新等支援機関の確認の有無	□有 （　　年　　月　　日確認） □無
	被相続人が営んでいたその事業に係る特定事業用資産の全て[*1]を相続又は遺贈により取得していること	
	第一種相続申請基準日まで、[*1]のうち租税特別措置法70条の6の10第1項の適用を受けようとする特定事業用資産の全部を有し、かつ自己の事業の用に供している又は供する見込みであること	

（備考）
① 用紙の大きさは、日本工業規格 A4 とする。
② 記名押印については、署名をする場合、押印を省略することができる。
③ 申請書の写し（別紙を含む）及び施行規則第7条第10項各号に掲げる書類を添付する。
④ 「施行規則第17条第1項第3号の確認（施行規則第18条第7項又は第8項の変更の確認をした場合には変更後の確認）に係る確認事項」については、当該確認を受けていない場合には、本申請と併せて施行規則第17条第4項に定める書類を添付する。また、施行規則第18条第7項又は第8項に定める変更をし、当該変更後の確認を受けていない場合には、本申請と併せて同条第9項の規定により読み替えられた前条第4項に定める書類を添付する。

6 第二種相続認定個人事業者の認定

　第二種相続認定個人事業者として相続税の納税猶予制度の適用を受けるためには、経営承継円滑化法に基づく都道府県知事の認定を受ける必要があります。その場合には以下の要件を満たさなければなりません。

(1) 個人事業承継者（相続人等）の要件

① 個人事業承継計画の確認を受けた承継者であること
② 生計一親族等の相続開始の時において、先代事業者から経営承継円滑化法第12条第1項の認定に係る贈与又は相続を受けていること
③ 先代事業者の経営承継円滑化法第12条第1項の認定に係る贈与の日又は相続の開始の日から1年以内に生計一親族等の相続が開始していること
④ 生計一親族等が有する先代事業者が営んでいたその事業に係る特定事業用資産の全てを取得していること
⑤ 生計一親族等から相続等した特定事業用資産のうち納税猶予の適用を受けようとする資産の全部を第二種相続申請基準日^(注)まで引き続き有し、かつ、自己の事業の用に供していること又は供する見込みであること （注）　第二種相続申請基準日とは、相続開始の日の翌日から5か月を経過する日をいう。
⑥ 第二種相続申請基準日において、相続等した特定事業用資産に係る事業が性風俗関連特殊営業に該当しないこと

　要件の②及び③により、生計一親族等からの贈与について、相続税の納税猶予を受けることができる期間は次のようになります。先代事業者からの贈与（第一種贈与）や相続（第二種相続）と生計一親族等からの贈与（第二種贈与）は同日でも適用可能となりますが、必ず、先代事業者からの贈与・相続が先に行われているが必要となります。

【先代事業者からの承継（第一種）が贈与である場合】

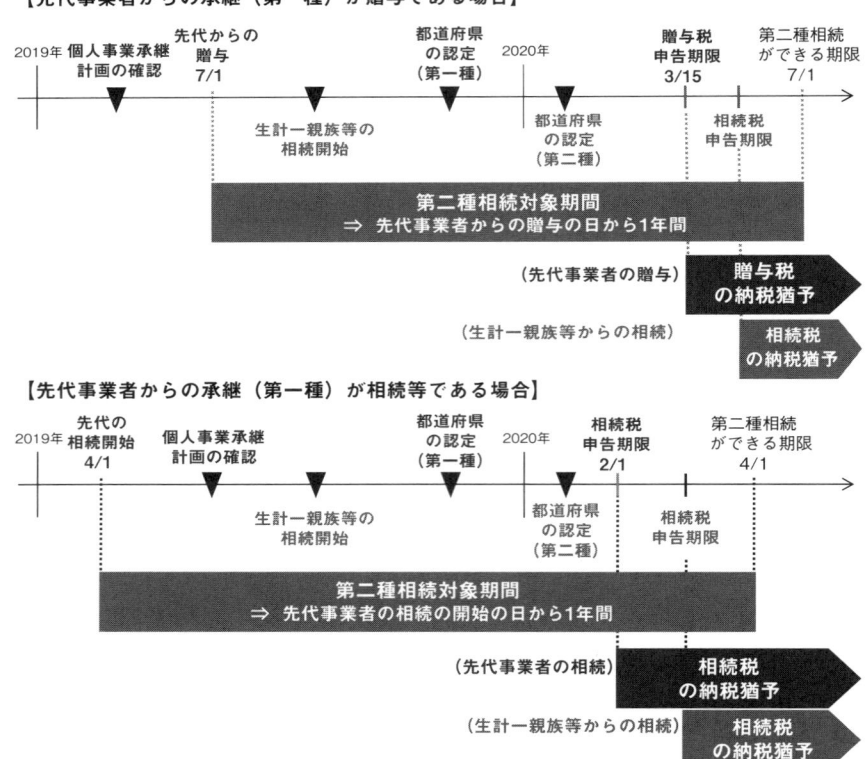

【先代事業者からの承継（第一種）が相続等である場合】

（出典）経済産業省・中小企業庁「－経営承継円滑化法－　【個人版事業承継税制の前提となる経営承継円滑化法の認定申請マニュアル】2019年4月施行」より

⑵　生計一親族等（贈与者）の要件

①　先代事業者の生計一親族等であること

⑶　手続きの流れ

　個人である中小企業者が経営承継円滑化法第12条第1項の認定（相続税の納税猶予制度の認定）を受け、相続税の申告・担保の提供にいたる流れは次のとおりとなります。

先代事業者からの移転	**個人事業承継計画の作成**
	先代事業者からの贈与 ／ **先代事業者の相続の発生**
	個人事業承継計画は、2019年4月1日から2024年3月31日まで提出することができます。 先代事業者からの贈与又は相続後に個人事業承継計画を作成することも可能です。都道府県知事への認定申請時までに作成してください。
先代事業者からの移転後1年以内に相続	**特定事業用資産の相続又は遺贈**
	先代事業者からの贈与の日又は相続の開始の日から 1 年を経過する日までに、生計一親族等の相続が開始している場合に適用できます。
8ヶ月以内 / 10ヶ月以内	**都道府県知事への認定申請**
	相続の開始の日の翌日から5カ月を経過する日（第二種相続申請基準日）から相続開始の日から8カ月を経過する日までの間に、「個人事業承継者」の主たる事務所の所在地を管轄する都道府県庁へ認定申請をしてください。 申請書は、「様式第8の6」を使用してください。
	相続税の申告・担保の提供
	相続の開始があったことを知った日の翌日から10ヶ月以内に、所轄の税務署へ相続税の申告をしてください。（都道府県知事の認定書とその他の必要書類の提出が必要です。） また、納税が猶予される相続税額及び利子税の額に見合う担保を税務署に提供する必要があります。

（出典）経済産業省・中小企業庁「－経営承継円滑化法－　【個人版事業承継税制の前提となる経営承継円滑化法の認定申請マニュアル】2019 年 4 月施行」より

〈参考〉

様式第8の6

第二種相続認定個人事業者に係る認定申請書

年　　月　　日

都道府県知事　　殿

郵　便　番　号
住　　　　　所
電　話　番　号
氏　　　　　名　　　　印

　中小企業における経営の承継の円滑化に関する法律第12条第1項の認定（同法施行規則第6条第16項第10号の事由に係るものに限る。）を受けたいので、下記のとおり申請します。

記

1　第一種認定贈与又は第一種認定相続について

本申請に係る認定にあたり必要な施行規則第6条第16項第7号の事由に係る第一種認定贈与又は第8号の事由に係る第一種認定相続の有無	□有 （　　　　年　　月　　日認定） □無 （　　　　年　　月　　日提出）
当該贈与者（当該被相続人）	
第一種贈与（相続）認定個人事業者	
□当該贈与の日　□当該相続の開始の日	年　　月　　日
主たる事業内容	
第二種相続時における常時使用する従業員数	人

2　被相続人（生計一親族等）及び第二種相続認定申請個人事業者について

相続開始の日	年　　月　　日
第二種相続申請基準日	年　　月　　日
相続税申告期限	年　　月　　日

被相続人	氏名	
	最後の住所	
	相続開始の直前（先代事業者が死亡している場合には、先代事業者の相続開始の直前）における先代事業者との関係	☐生計一親族等 ☐生計一親族等以外
第二種相続認定申請個人事業者	氏名	
	住所	
	相続の開始の直前における被相続人との関係	☐直系卑属 ☐直系卑属以外の親族 ☐親族外
	下記の事項についての認定経営革新等支援機関の確認の有無。	☐有 （　年　月　日確認） ☐無
	被相続人が有していた、先代事業者が営んでいたその事業に係る特定事業用資産の全て（＊1）を相続又は遺贈により取得していること	
	第二種相続申請基準日まで、（＊1）のうち租税特別措置法70条の6の10第1項の適用を受けようとする特定事業用資産の全部を有し、かつ自己の事業の用に供している又は供する見込みであること	

（備考）
① 　用紙の大きさは、日本工業規格 A4とする。
② 　記名押印については、署名をする場合、押印を省略することができる。
③ 　申請書の写し及び施行規則第7条第13項の規定により読み替えられた同条第11項各号に掲げる書類を添付する。
④ 　「施行規則第17条第1項第3号の確認（施行規則第18条第7項又は第8項の変更の確認をした場合には変更後の確認）に係る確認事項」については、当該確認を受けていない場合には、本申請と併せて施行規則第17条第4項各号に定める書類を添付する。また、施行規則第18条第7項又は第8項に定める変更をし、当該変更後の確認を受けていない場合には、本申請と併せて同条第9項の規定により読み替えられた前条第4項に定める書類を添付する。

都道府県庁の担当窓口		
都道府県名	部署名	電話番号
郵便番号	住所	
北海道	経済部地域経済局　中小企業課	011-204-5331
〒 060-8588	北海道札幌市中央区北 3 条西 6 丁目	
青森県	商工労働部　地域産業課　創業支援グループ	017-734-9374
〒 030-8570	青森県青森市長島 1 丁目 1 番 1 号	
岩手県	商工労働観光部　経営支援課	019-629-5544
〒 020-8570	岩手県盛岡市内丸 10 番 1 号	
宮城県	経済商工観光部　中小企業支援室	022-211-2742
〒 980-8570	宮城県仙台市青葉区本町 3 丁目 8 番 1 号	
秋田県	産業労働部　産業政策課	018-860-2215
〒 010-8572	秋田県秋田市山王 3 丁目 1 番 1 号	
山形県	商工労働部　中小企業振興課	023-630-2359
〒 990-8570	山形県山形市松波 2 丁目 8 番 1 号	
福島県	商工労働部　経営金融課	024-521-7288
〒 960-8670	福島県福島市杉妻町 2 番 16 号	
茨城県	産業戦略部　中小企業課	029-301-3560
〒 310-8555	茨城県水戸市笠原町 978 番 6	
栃木県	産業労働観光部　経営支援課	028-623-3173
〒 320-8501	栃木県宇都宮市塙田 1 丁目 1 番 20 号	
群馬県	産業経済部　商政課	027-226-3339
〒 371-8570	群馬県前橋市大手町 1 丁目 1 番 1 号	
埼玉県	産業労働部　産業支援課	048-830-3910
〒 330-9301	埼玉県さいたま市浦和区高砂 3 丁目 15 番 1 号	
千葉県	商工労働部　経営支援課	043-223-2712
〒 260-8667	千葉県千葉市中央区市場町 1 番 1 号	
東京都	産業労働局　商工部　経営支援課	03-5320-4785
〒 163-8001	東京都新宿区西新宿 2 丁目 8 番 1 号	
神奈川県	産業労働局　中小企業部　中小企業支援課 （かながわ中小企業成長支援ステーション）	046-235-5620
〒 243-0435	神奈川県海老名市下今泉 705 番地 1 県立産業技術総合研究所 2 階	
新潟県	産業労働部　創業・経営支援課	025-280-5240
〒 950-8570	新潟県新潟市中央区新光町 4 番地 1	
富山県	商工労働部　経営支援課	076-444-3248
〒 930-8501	富山県富山市新総曲輪 1 番 7 号	
石川県	商工労働部　経営支援課	076-225-1522
〒 920-8580	石川県金沢市鞍月 1 丁目 1 番地	
山梨県	産業労働部　企業立地・支援課	055-223-1541
〒 400-8501	山梨県甲府市丸の内 1 丁目 6 番 1 号	
長野県	産業労働部　産業立地・経営支援課	026-235-7195
〒 380-8570	長野県長野市大字南長野字幅下 692 番 2 号	
岐阜県	商工労働部　商業・金融課	058-272-8389
〒 500-8570	岐阜県岐阜市薮田南 2 丁目 1 番 1 号	

静岡県	経済産業部　商工業局　経営支援課	054-221-2807
〒 420-8601	静岡県静岡市葵区追手町9番6号	
愛知県	経済産業局　中小企業部　中小企業金融課	052-954-6332
〒 460-8501	愛知県名古屋市中区三の丸3丁目1番2号	
三重県	雇用経済部　中小企業・サービス産業振興課	059-224-2447
〒 514-8570	三重県津市広明町13番地	
福井県	産業労働部　産業政策課（建設業、商業、サービス業等） 産業労働部地域産業・技術振興課（製造業等）	0776-20-0367 0776-20-0370
〒 910-8580	福井県福井市大手3丁目17番1号	
滋賀県	商工観光労働部　中小企業支援課	077-528-3732
〒 520-8577	滋賀県大津市京町4丁目1番1号	
京都府	商工労働観光部　ものづくり振興課	075-414-4851
〒 602-8570	京都府京都市上京区下立売通新町西入薮ノ内町	
大阪府	商工労働部　中小企業支援室経営支援課	06-6210-9490
〒 559-8555	大阪市住之江区南港北1丁目14番16号咲洲庁舎25階	
兵庫県	産業労働部　産業振興局　経営商業課	078-362-3313
〒 650-8567	兵庫県神戸市中央区下山手通5丁目10番1号	
奈良県	産業振興総合センター　創業・経営支援部経営支援課	0742-33-0817
〒 630-8031	奈良県奈良市柏木町129番地1号	
和歌山県	商工観光労働部　商工労働政策局商工振興課	073-441-2740
〒 640-8585	和歌山県和歌山市小松原通1丁目1番	
鳥取県	商工労働部　企業支援課	0857-26-7453
〒 680-8570	鳥取県鳥取市東町1丁目220番地	
島根県	商工労働部　中小企業課	0852-22-5288
〒 690-8501	島根県松江市殿町1番地	
岡山県	産業労働部　経営支援課	086-226-7353
〒 700-8570	岡山県岡山市北区内山下2丁目4番6号	
広島県	商工労働局　経営革新課	082-513-3370
〒 730-8511	広島県広島市中区基町10番52号	
山口県	商工労働部　経営金融課	083-933-3180
〒 753-8501	山口県山口市滝町1番1号	
徳島県	商工労働観光部　商工政策課	088-621-2322
〒 770-8570	徳島県徳島市万代町1丁目1番地	
香川県	商工労働部　経営支援課	087-832-3345
〒 760-8570	香川県高松市番町四丁目1番10号	
愛媛県	経済労働部　産業支援局経営支援課	089-912-2480
〒 790-8570	愛媛県松山市一番町4丁目4番2号	
高知県	商工労働部　経営支援課	088-823-9697
〒 780-8570	高知県高知市丸ノ内1丁目2番20号	
福岡県	商工部　中小企業振興課	092-643-3425
〒 812-8577	福岡県福岡市博多区東公園7番7号	
佐賀県	産業労働部　経営支援課	0952-25-7182
〒 840-8570	佐賀県佐賀市城内1丁目1番59号	
長崎県	産業労働部　経営支援課	095-895-2616
〒 850-8570	長崎県長崎市尾上町3番1号	

熊本県	商工観光労働部　商工労働局商工振興金融課（製造業以外） 商工観光労働部新産業振興局産業支援課（製造業）	096-333-2316 096-333-2319
〒862-8570	熊本県熊本市中央区水前寺6丁目18番1号	
大分県	商工労働部　経営創造・金融課	097-506-3226
〒870-8501	大分県大分市大手町3丁目1番1号	
宮崎県	商工観光労働部　商工政策課　経営金融支援室	0985-26-7097
〒880-8501	宮崎県宮崎市橘通東2丁目10番1号	
鹿児島県	商工労働水産部　経営金融課	099-286-2944
〒890-8577	鹿児島県鹿児島市鴨池新町10番1号	
沖縄県	商工労働部　中小企業支援課	098-866-2343
〒900-8570	沖縄県那覇市泉崎1丁目2番2号	

（出典）経済産業省・中小企業庁「－経営承継円滑化法－　【個人版事業承継税制の
　前提となる経営承継円滑化法の認定申請マニュアル】2019年4月施行」より

第4章

贈与税の納税猶予・免除制度

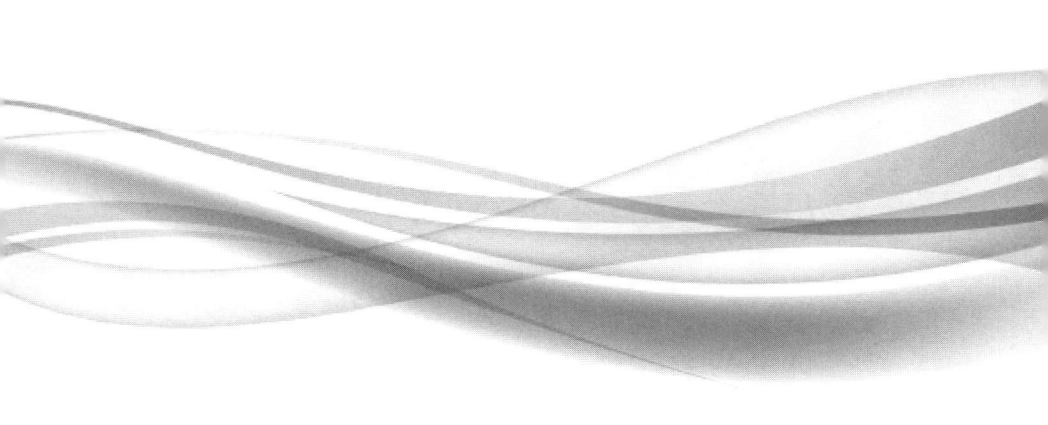

1 制度の概要

　贈与税の納税猶予制度の概要は以下のとおりとなります。

(1)　事由

　特例事業受贈者（個人事業承継者）が、特定事業用資産を有していた個人として**2**（91ページ）に該当する者（既にこの特例の適用に係る贈与をしているものは除かれます。）を贈与者として、その事業に係る特定事業用資産の全ての贈与を受けた場合。

(2)　納税猶予の取扱い

　贈与税の申告書（期限内申告書をいいます。）の提出により納付すべき贈与税額のうち、特定事業用資産で、贈与税の申告書に納税猶予の適用を受けようとする旨の記載があるもの（「特例事業用資産」といいます。）に係る納税猶予分の贈与税額については、特例事業受贈者の死亡の日まで、納税が猶予されます（措法70の6の8①）。

(3)　担保の提供

　贈与税の納税猶予の適用を受けるためには、贈与税の申告書の提出期限までに、納税猶予分の贈与税額及び利子税の額に相当する担保を提供しなければなりません（措法70の6の8①、措通70の6の8-11）。

　（注）　利子税は贈与者の平均余命年数を納税猶予期間として計算します。

　なお、担保として提供できる財産の種類は次のものに限られます（国通50）。

> ・国債及び地方債
>
> ・社債その他の有価証券で税務署長等が確実と認めるもの
>
> ・土地
>
> ・建物、立木、登録を受けた飛行機等で保険に附したもの
>
> ・鉄道財団、工場財団、鉱業財団等
>
> ・税務署長等が確実と認める保証人の保証
>
> ・金銭

※　担保は、相続又は遺贈により取得した財産以外の相続人固有の財産でもかまいません。

(4)　適用時期

　この特例は、平成31年1月1日以後の贈与により取得する財産に係る贈与税について適用されます（改正法附則79）。

(5)　適用期限と先代事業者以外の者からの相続等の場合

　この特例は、平成31年1月1日から令和10年12月31日までの間の10年間の贈与が対象とされます。

　また、先代事業者以外の者からの贈与について贈与税の納税猶予を受けようとする場合には、先代事業者からの最初の特例適用贈与又は特例適用相続・遺贈の日から1年を経過する日までの贈与であることが要件とされます（措令40の7の8②）。

(6)　申告要件と添付書類

　この特例は、特例を受けるべき贈与税の申告書に特例の適用を受ける旨の記載がない場合や、特定事業用資産の明細・納税猶予分の贈与税額の計算明細など所定の事項を記載した書類の添付がない場合には適用されません（措法70の6の8⑧）。

(7)　特定事業用資産が共有の場合

特定事業用資産の全部又は一部が数人の共有になっている場合には、贈与者以外の者が有していた共有持分に係る部分は特例の対象から除かれます（措法70の6の8①）。

(8) 経営承継円滑化法の認定を受けることが前提

　贈与税の納税猶予など個人版事業承継税制は、青色申告（正規の簿記の原則によるものに限ります。）に係る事業（不動産貸付事業等は除かれます。）を行っていた先代事業者の後継者（個人事業承継者）として経営承継円滑化法の認定を受けた者が、特定事業用資産を贈与、相続又は遺贈によって取得した場合に、その特定事業用資産に係る贈与税又は相続税について、一定の要件のもと、その納税を猶予し、後継者の死亡等により、猶予されている贈与税や相続税の納付が免除される制度となっています。従って、納税猶予の適用を受ける前提は経営承継円滑化法による認定を受けることとなります（認定の詳細は第3章を参照）。

2 特例の適用対象となる贈与者

　贈与税の納税猶予の適用対象となる「特定事業用資産を有していた個人（特例の適用対象となる贈与者）」とは、次の区分に応じて(1)、(2)に定める者が該当します（措令40の７の８①）。

(1) 贈与者が先代事業者である場合

　特定事業用資産を有していた者が贈与（死因贈与を除く。）の時前に特定事業用資産に係る事業を行っていた者である場合で、次の①、②の要件の全てを満たす場合（措令40の７の８①一）

　①　特例を受ける贈与の時において所得税の納税地の所轄税務署長に事業廃止届出書を提出していること又は贈与税の申告書の提出期限までに事業廃止届出書を提出する見込みであること

　②　贈与年、その前年及びその前々年において、事業に係る所得税の確定申告書を青色申告書（65万円（令和２年以降は55万円）の青色申告特別控除の適用を受けているものに限る。）により提出していること

(2) 贈与者が先代事業者以外の場合

　(1)以外の場合で、次に掲げる要件の全てを満たす場合（措令40の７の８①二）

　①　特定事業用資産に係る事業を行っていた者（先代事業者）の贈与又は相続開始の直前において、特定事業用資産に係る事業を行っていた者（先代事業者）と生計を一にする親族であること

　②　特定事業用資産に係る事業を行っていた者（先代事業者）からの贈与又は相続後に特定事業用資産の贈与をしていること

　なお、先代事業者以外の者からの贈与について贈与税の納税猶予を受

けようとする場合には、先代事業者からの最初の特例適用贈与又は特例
適用相続等の日から1年を経過する日までの贈与であることが要件とな
ります（措令40の7の8②。）

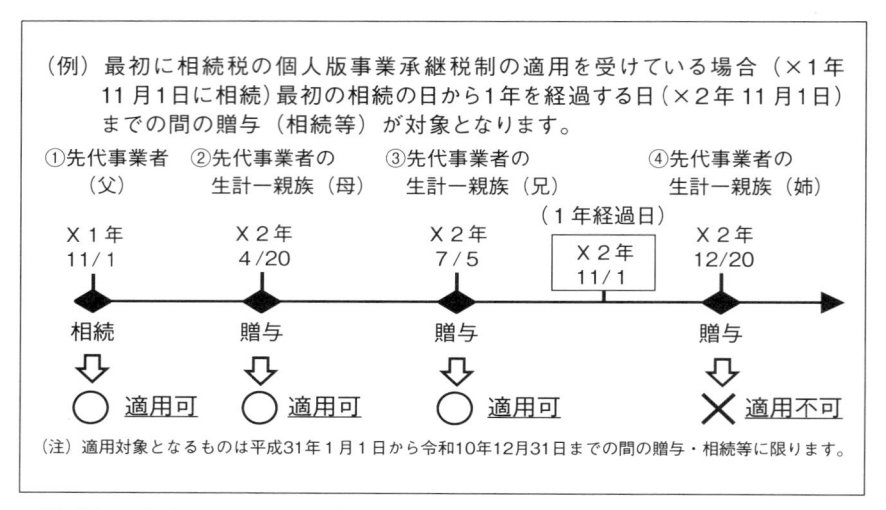

（例）最初に相続税の個人版事業承継税制の適用を受けている場合（×1年
　　　11月1日に相続）最初の相続の日から1年を経過する日（×2年11月1日）
　　　までの間の贈与（相続等）が対象となります。

①先代事業者　②先代事業者の　　③先代事業者の　　　　　　④先代事業者の
　（父）　　　　生計一親族（母）　　生計一親族（兄）　　　　　生計一親族（姉）

　　　　　　　　　　　　　　　　　　　　　　　（1年経過日）

　X1年　　　　X2年　　　　　　X2年　　　　　X2年　　　　X2年
　11/1　　　　4/20　　　　　　7/5　　　　　　11/1　　　　12/20

　相続　　　　　贈与　　　　　　贈与　　　　　　　　　　　贈与

　○ 適用可　　○ 適用可　　　○ 適用可　　　　　　　× 適用不可

（注）適用対象となるものは平成31年1月1日から令和10年12月31日までの間の贈与・相続等に限ります。

（出典）国税庁ホームページ「個人の事業用資産についての贈与税・相続税の納税
　　　　猶予・免除（個人版事業承継税制）のあらまし」を一部改編

3　特例事業受贈者

　贈与税の納税猶予の対象とされる「特例事業受贈者」とは、贈与者からこの特例の対象となる贈与により特定事業用資産の取得をした個人で、次に掲げる要件の全てを満たす者が該当します（措法70の6の8②二）。

(1)　贈与の日において18歳（令和4年3月31日までの贈与については20歳）以上であること

(2)　経営承継円滑化法第2条に規定する「中小企業者[(注1)]」であって経済産業大臣(経済産業大臣の権限に属する事務を都道府県知事が行うこととされている場合にあっては都道府県知事)の認定（特例円滑化法認定）を受けていること

> （注1）　個人開業の医師・歯科医師の業種目はサービス業となるため、中小企業者に該当する要件は「常時使用する従業員数が100人以下」となる。

※参考：「常時使用する従業員の数」について

　青色申告決算書にある「給料賃金の内訳（農業所得の場合は「雇入費の内訳」)」、「専従者給与の内訳」に記載されている従業員の合計数で算定をします。なお、日雇労働者、短期間雇用労働者（当該事業所の平均的な従業員と比して労働時間が4分の3に満たない短時間労働者）は常時使用する従業員には該当しません。

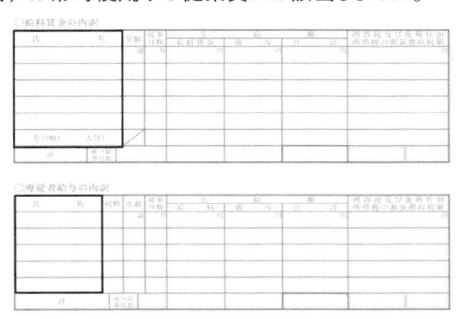

（出典）経済産業省・中小企業庁「－経営承継円滑化法－　【個人版事業承継税制の前提となる経営承継円滑化法の認定申請マニュアル】2019年4月施行」より

(3) 贈与日まで引き続き3年以上にわたり特定事業用資産に係る事業（事業に準ずるものとして財務省令で定めるものを含む^(注2)。）に従事していたこと

（注2）「事業に準ずるものとして財務省令で定めるもの」とは、特定事業用資産に係る事業と同種又は類似の事業に係る業務（特定事業用資産に係る事業に必要な知識、技能を習得するための学校教育法第1条に規定する大学、高等専門学校等の教育機関における修学を含む。）とされている（措規23の8の8⑤）。具体的には、個人の診療所を承継するために大学病院で研修医として従事している場合などが該当する。

〈参考〉経営承継円滑化法の認定の際の取扱いでは、「同種・類似の事業」とは、日本標準産業分類における中分類（中分類のみの場合は大分類）上、同区分となる事業を指す（45ページ参照）。なお、中分類上異なる事業となる場合であっても、その従事していた業務の内容により「類似の事業に係る業務」と認められることがありえる（例えば、介護老人保健施設において医師として業務に従事していた場合など。）。

(4) 贈与の時から贈与日の属する年分の贈与税の申告書の提出期限（提出期限前に個人が死亡した場合には、その死亡の日。(5)において同じ。）まで引き続き特定事業用資産の全てを有し、かつ、自己の事業の用に供していること

(5) 贈与日の属する年分の贈与税の申告書の提出期限において、特定事業用資産に係る事業について開業届出書（所法229）の提出をしていること及び青色申告の承認（所法143）を受けていること

(6) 特定事業用資産に係る事業が、贈与の時において、資産保有型事業、資産運用型事業及び性風俗関連特殊営業のいずれにも該当しないこと

(7) 個人事業の承継者が贈与者の事業を確実に承継すると認められる要件として財務省令^(注3)で定めるものを満たしていること。

（注3）　財務省令では、円滑化省令第17条第1項の確認（指導及び助言に係る都道府県知事の確認）を受けた者であることとしている（措規23の8の8⑥）。

〈参考〉個人事業者の贈与税の納税猶予制度の適用要件等

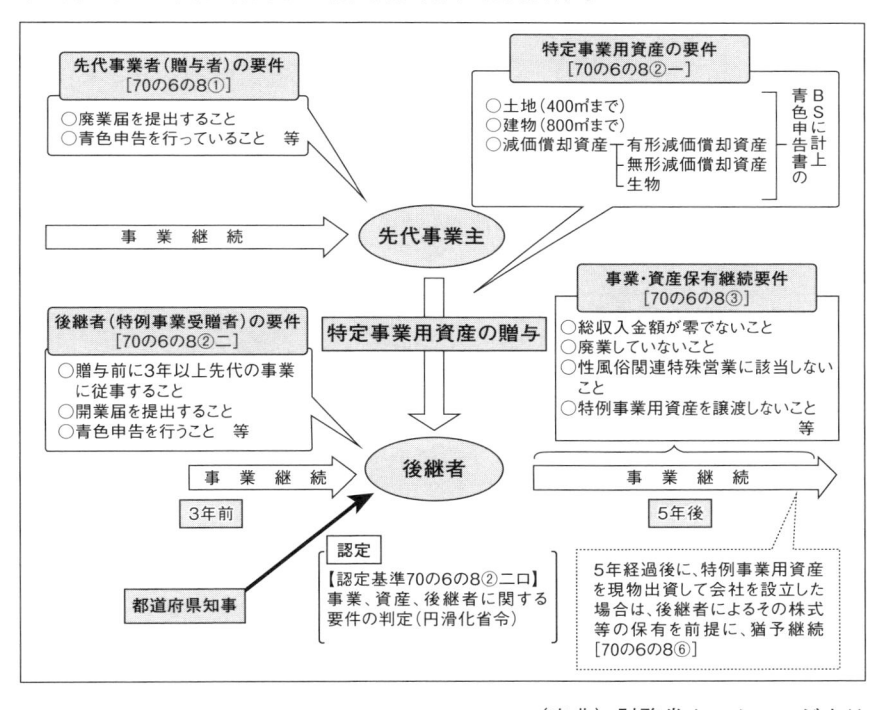

（出典）財務省ホームページより

4 納税猶予分の贈与税額と贈与税の計算

　納税猶予の適用を受ける場合の贈与税の納付額は、通常どおり計算した贈与税額から、「納税猶予分の贈与税額」を控除して計算します。納税猶予分の贈与税額の計算方法は次のとおりとなります。

(1)　**暦年課税の場合**（措法70の6の8②三イ、措令40の7の8⑧）

> ①　（特例受贈事業用資産の贈与とともに引き受けた債務の金額
>
> 　－　引き受けた債務の金額うち、特例受贈事業用資産に係る事業に関するものと認められる債務以外[注1]の金額）
>
> ＝　残額

> （注1）　事業に関するもの以外の債務であることが金銭の貸付け係る消費貸借契約書等の書面により明らかにされているものに限る。

> ②　{(特例受贈事業用資産の価額[注2]－①の残額)－110万円}
>
> 　×贈与税の累進税率　＝　納税猶予分の贈与税額

> （注2）　特例受贈事業用資産が土地等、家屋及びその附属設備、構築物の場合には、債務の引受けがないものとした場合における価額をもとに計算する（措令40の7の8⑨）。これは、贈与と共に債務引き受けした場合には負担付き贈与に該当するため、贈与により取得した財産が土地等である場合には「負担付贈与通達（平成元年3月29日直評5）」により、通常の取引価額に相当する金額により評価して、贈与税が計算される。しかし、納税猶予分の贈与税額の計算においては、この負担付贈与通達を適用しないという取扱いである。したがって、②の「特例受贈事業用資産の価額」は、負担付贈与通達を適用せず、財産評価基本通達の定めに沿って計算された価額となる。なお、この取扱いは、納税猶予分の贈与税額の計算においてのみ適用がされるもので、特例事業受贈者に係る通常の贈与税額は、負担付贈与通達や相続税法基本通達21の2-4（負担付贈与の課税価格）に従って計算されることになる（措通70の6の8-26）。(2)も同様とされる。

(2)　相続時精算課税を選択する場合（措法70の6の8②三ロ、措令40の7の8⑧）

> ｛(特例受贈事業用資産の価額－(1)①の残額)－ 特別控除額
>
> （限度額2,500万円)｝× 20%　＝　納税猶予分の贈与税額

なお、納税が猶予される贈与税の計算方法のイメージは次のとおりとなる。

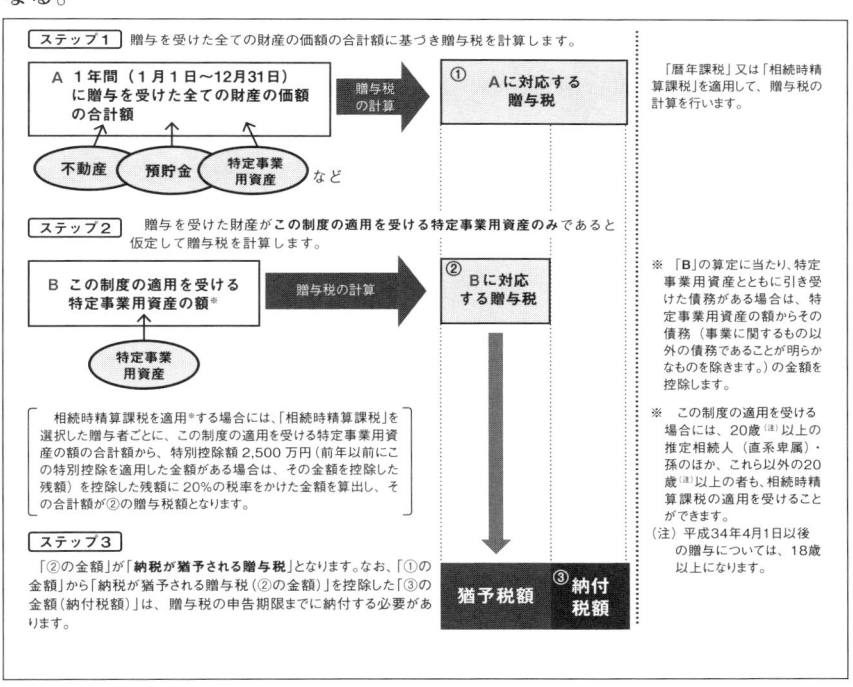

（出典）国税庁ホームページ「個人の事業用資産についての贈与税・相続税の納税猶予・免除（個人版事業承継税制）のあらまし」より

【計算例その1】

　父（個人開業医・贈与者）から特例事業受贈者に該当する子（医師）に対し、事業承継する際、以下の特定事業用資産の全ての贈与がされた。

・診療所用建物　　　　　　（相続税評価額3,000万円）

・診療所用建物の敷地　　（相続税評価額1億5,000万円）

・医療用機器等　　　　　　（相続税評価額800万円）

　子は贈与税の申告納付の際、診療所用建物とその敷地を特例受贈事業用資産とする。

【暦年課税の場合】

1　贈与税額の計算

（3,000万円＋1億5,000万円＋800万円－110万円）×55％－640万円 = 9,639万5千円

2　納税猶予分の贈与税額の計算

（3,000万円＋1億5,000万円－110万円）×55％－640万円 = 9,199万5千円

3　納付税額の計算

1－2 = 440万円

【相続時精算課税の場合】

1　贈与税額の計算

（3,000万円＋1億5,000万円＋800万円－2,500万円）×20％ = 3,260万円

2　納税猶予分の贈与税額の計算

（3,000万円＋1億5,000万円－2,500万円）×20％ = 3,100万円

3　納付税額の計算

1－2＝160万円

※　贈与した財産額が2,500万円以下など、贈与税額が生じないような場合には特例の適用は受けられない。

【計算例その2　債務の引受けがある場合】

　父（個人開業医・贈与者）から特例事業受贈者に該当する子（医師）に対し、事業承継する際、以下の特定事業用資産の全ての贈与と債務の引受けがされた。

・診療所用建物　　　　　（評価額3,000万円）

・診療所用建物の敷地　　（評価額1億5,000万円）

・医療用機器等　　　　　（評価額800万円）

・診療所用建物建築の際に借り入れた借入金（残額1,000万円）

　子は贈与税の申告納付の際、診療所用建物とその敷地を特例受贈事業用資産とする。

【暦年課税の場合】

1　贈与税額の計算

｛（3,000万円＋1億5,000万円＋800万円－1,000万円）－110万円｝
×55％－640万円＝9,089万5千円

2　納税猶予分の贈与税額の計算

｛（3,000万円＋1億5,000万円－1,000万円）－110万円｝×55％－
640万円＝8,649万5千円

3　納付税額の計算

1－2＝440万円

【相続時精算課税の場合】

1　贈与税額の計算

$\{(3,000$万円$+ 1$億$5,000$万円$+ 800$万円$- 1,000$万円$) - 2,500$万円$\}\times 20\% = 3,060$万円

2　納税猶予分の贈与税額の計算

$\{(3,000$万円$+ 1$億$5,000$万円$- 1,000$万円$) - 2,500$万円$\}\times 20\% = 2,900$万円

3　納付税額の計算

1 － 2 $= 160$万円

※　贈与した財産額が2,500万円以下など、贈与税額が生じないような場合には特例の適用は受けられない。

5　相続時精算課税適用者の特例

　相続税法の規定により「相続時精算課税制度（相法21の9～18、33の2、49）」の適用を受けることができる者は、20歳（令和4年4月1日以降は18歳）以上の推定相続人（直系卑属に限ります。）が原則とされています。

　ところで、平成31年度税制改正で創設された「個人事業者の事業用資産についての贈与税の納税猶予制度（措法70の6の8）」では、中小企業の世代交代を集中的に促進し、かつ、新制度の利用を促す観点から、本来、相続時精算課税制度の適用を受けることができない者であっても、この納税猶予の適用を受ける場合には、相続時精算課税制度の適用を受けることができることとされました。

　具体的には、贈与により、納税猶予に係る特例受贈事業用資産を取得した特例事業受贈者が、その贈与者の推定相続人以外の者（その贈与者の孫を除き、その年1月1日において18歳（令和4年3月31日までは20歳）以上であるものに限ります。）であり、かつ、その贈与者がその年1月1日おいて60歳以上の者である場合には、その特例事業受贈者について、相続時精算課税の適用を受けることができるとされています（措法70の2の7）。

6 猶予税額の全額免除

　特例事業受贈者又は贈与者が、次のいずれかに該当することとなった場合には、納税猶予税額の全額が免除されます（措法70の6の8⑭、措令40の7の8㉙㉚）。

(1)　贈与者の死亡の時以前に特例事業受贈者が死亡した場合

(2)　贈与者が死亡した場合

(3)　特定申告期限^(注1)の翌日から5年を経過する日後に、特例受贈事業用資産の全てについて（次の後継者へ）免除対象贈与^(注2)を行った場合

　　（注1）　「特定申告期限」とは、後継者の最初のこの制度の適用に係る贈与税の申告期限又は最初の「個人の事業用資産に係る相続税の納税猶予」の適用に係る相続税の申告期限のいずれか早い日をいう（措法70の6の8⑥）。

　　（注2）　「免除対象贈与」とは、この特例の適用を受けている特例受贈事業用資産が次の後継者（三代目）に贈与され、その後継者が「個人の事業用資産に係る贈与税の納税猶予（措法70の6の8①）」の適用を受ける場合の贈与をいう。

(4)　事業を継続することができなくなったことについて、やむを得ない理由^(注3)がある場合

　　（注3）　「やむを得ない理由」とは、次に掲げる事由のいずれかに該当することになったことをいう（措規23の8の8㉓、措通70の6の8-56）。

　　①　精神保健及び精神障害者福祉に関する法律の規定により精神障害者保健福祉手帳（障害等級が1級）の交付を受けたこと

　　②　身体障害者福祉法の規定により身体障害者手帳（身体上の障害の程度が1級又は2級）の交付を受けたこと

　　③　介護保険法の規定による要介護認定（要介護状態区分が要介護5）を受けたこと

　なお、猶予税額の全額免除を受ける場合には、特例事業受贈者又は特例事業受贈者の相続人（包括受遺者を含む。）は、免除事由に該当することとなった日以後6月を経過する日（免除届出期限）までに、贈与税の免除を受けようとする旨、免除を受ける贈与税の額、届出書の提出をする者の氏名・住所等を記載した免除届出書を納税地の所轄税務署長に提出しなければなりません（措法70の6の8⑭、措規23の8の8㉒）。

　ただし、免除届出書が免除届出期限までに提出されなかった場合でも、税務署長がやむを得ない事情があると認め、期限内に提出できなかった事情の詳細が記載された届出書が提出された場合などには、免除を受けることができます（措法70の6の8⑮、措令40の7の8㉜）。

7 猶予税額の一部免除

(1) 猶予全額の一部が免除される場合

特例事業受贈者が次のいずれかに該当することとなった場合には、猶予税額の一部が免除されます（措法70の6の8⑯⑰、措令40の7の8㉝〜㉟、措規23の8の8㉗）。

① 特例受贈事業用資産の全てを、特例事業受贈者の特別関係者以外の次に掲げる一人の者に対し譲渡又は贈与をした場合

 イ 譲渡又は贈与の時に所得税の青色申告の承認を受けている個人

 ロ 持分の定めのある法人（医療法人を除く。）

 ハ 持分の定めのない法人（一般社団法人（公益社団法人を除く。）及び一般財団法人（公益財団法人を除く。）を除く。）

② 民事再生法の規定による再生計画の認可決定に基づき、再生計画実現のため特例受贈事業用資産の全てを譲渡又は贈与をした場合

③ 特例事業受贈者に破産手続開始の決定があった場合

④ 特例事業受贈者の事業の継続が困難な一定の事由^(注)が生じた場合において、特例受贈事業用資産の全てを特別関係者以外の者に譲渡又は贈与した場合

⑤ 特例事業受贈者の事業の継続が困難な一定の事由^(注)が生じた場合において、特例受贈事業用資産に係る事業を廃止した場合

 （注） ④と⑤の「事業の継続が困難な一定の事由」とは、特例事業用資産等に係る事業について、①直前3年中2年以上その事業に係る事業所得の金額が0未満の場合、②直前3年中2年以上その事業に係る総収入金額が前年を下回る場合、③後継者が心身の故障等によりその事業に従事できなくなった場合をいう（措通70の6の8-64）。

(2)　譲渡・贈与、再生計画の決定の場合の免除額

上記(1)①又は②の場合において、次のイ・ロの金額の合計額が譲渡・贈与の直前における猶予中贈与税額に満たないときには、猶予中贈与税額からイ・ロの合計額を控除した残額の贈与税額が免除されます。

イ　譲渡・贈与があつた時の特例受贈事業用資産の時価（時価が特例受贈事業用資産の譲渡等の対価より低い場合には譲渡等の対価）

ロ　譲渡等以前5年以内に、特例事業受贈者の特別関係者が特例事業受贈者から受けた必要経費不算入対価等[注]の合計額

（注）「必要経費不算入対価等」とは、後継者の親族など、特別関係者が事業に従事したことその他の事由により後継者から支払を受けた対価又は給与であって、所得税法第56条（事業に専従する親族がある場合の必要経費の特例等）又は第57条（事業に専従する親族がある場合の必要経費の特例等）の規定により、その事業に係る事業所得の金額の計算上必要経費に算入されるもの以外のものをいう。

(3)　破産手続開始の決定があった場合の免除額

上記(1)③の場合には、次のイの金額からロの金額を控除した残額に相当する贈与税額が免除されます。

イ　破産手続開始決定直前の猶予中贈与税額

ロ　破産手続開始決定以前5年以内に、特例事業受贈者の特別関係者が特例事業受贈者から受けた必要経費不算入対価等の合計額

(4)　事業の継続が困難な一定の事由が生じた場合の免除額

上記(1)④・⑤の「事業の継続が困難な一定の事由」が生じた場合で、特例事業用資産の全部の譲渡・贈与をしたとき又はその事業を廃止したときには、その対価の額（譲渡等の時の相続税評価額の50％に相当する金額が下限になる。）又は廃止直前の資産の時価を基に贈与税額等を再計算し、再計算した税額と過去5年間の必要経費不算入対価等の合計

額が当初の納税猶予税額を下回る場合には、その差額は免除されます（再計算した税額を納付します。）。

〈再計算のイメージ〉

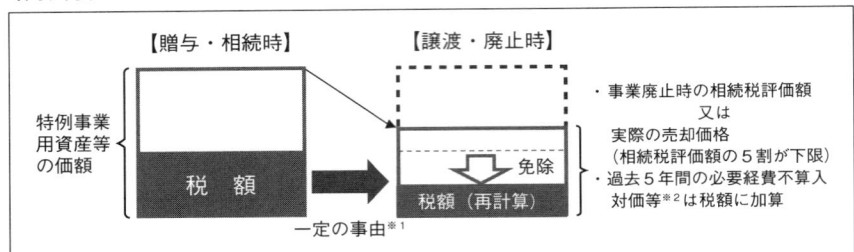

（出典）国税庁ホームページ「個人の事業用資産についての贈与税・相続税の納税猶予・免除（個人版事業承継税制）のあらまし」より

(5) **手続き**

　猶予税額の一部免除を受けようとする特例事業受贈者は、(1)の事由に該当することとなった日から2月を経過する日までに、免除を受けたい旨、免除を受けようとする贈与税額（免除申請贈与税額）とその計算明細、その事情の詳細などを記載した申請書を納税地の所轄税務署長に提出しなければなりません（措法70の6の8⑯⑰、措規23の8の8㉕㉘）。

8 猶予税額の全額と利子税の納付が必要な場合

1 猶予税額の全額納付が必要な場合

　贈与税の納税猶予の適用を受ける特例事業受贈者、特例受贈事業用資産又は特例受贈事業用資産に係る事業について、次のいずれかに該当することとなった場合には、それぞれに掲げる日から2月を経過する日が納税猶予期限とされ、猶予税額の全額と利子税を併せて納付することになります（措法70の6の8③）。

(1)　特例事業受贈者が事業を廃止した場合^(注1)……事業廃止日

　　（注1）　破産手続開始決定があった場合や「事業の継続が困難な一定の事由（104ページ参照）」に該当する場合を除く。

　　（注2）　認定を受けた贈与により取得した特定事業用資産に係る事業を廃止した場合には、認定の取り消しがされる。なお、先代事業者が営んでいた事業を「転業」した場合（不動産賃貸業、資産保有型事業及び資産運用型事業に該当する場合を除く）は、認定の取消事由に該当しない（措通70の6の8-28）。

(2)　事業が資産保有型事業、資産運用型事業、性風俗関連特殊営業に該当した場合……該当日

(3)　特例受贈事業用資産に係る事業について、事業所得の総収入金額が零となった場合……その年12月31日

(4)　特例受贈事業用資産の全てが特例事業受贈者のその年の事業所得に係る青色申告書の貸借対照表に計上されなくなった場合……その年12月31日

(5)　特例事業受贈者が青色申告の承認の取り消し規定（所法150①）により青色申告の承認を取り消された場合又は青色申告の取りやめ等の規定（所法151①）により青色申告書の提出をやめる旨の届出書を提

出した場合……承認取消日又は届出書提出日

(6)　特例事業受贈者が贈与税の納税猶予の適用をやめる旨記載した届出
　　書を納税地の所轄税務署長に提出した場合……届出書の提出日

2　利子税

　贈与税の納税猶予を受けていた者が、猶予税額の全部又は一部を納付
する場合には、その納付税額について、贈与税の法定申告期限からの利
子税（年3.6％。利子税の特例（貸出約定平均利率の年平均が0.6％の場合）
を適用した場合には、年0.7％）を併せて納付することになります（措
法70の6の8㉕、93②③、平30.12.12財務省告示336号）。

○　猶予の期限が確定した贈与税・相続税を納付する場合に、これと併せて納付する利子税は、贈
　与税・相続税の申告期限の翌日から納税猶予の期限までの期間（日数）に応じ、年3.6％の割合で
　計算します。
　　なお、各年の特例基準割合が7.3％に満たない場合には、その年における利子税の割合は、次
　の計算式のとおり軽減されます（0.1％未満の端数は切捨て。令和元年は0.7％に軽減。）。

　　　　　　（計算式）
　　　　　　　利子税の割合　＝　3.6％　×　　特例基準割合※
　　　　　　　　　　　　　　　　　　　　　　　─────────
　　　　　　　　　　　　　　　　　　　　　　　　　7.3％

※　特例基準割合とは、各年の前々年の10月から前年の9月までの各月における銀行の新規の短期
　貸出約定平均金利の合計を12で除して得た割合として、各年の前年の12月15日までに財務大臣
　が告示する割合に1％の割合を加算した割合（令和元年は1.6％）をいいます。

　　（出典）国税庁ホームページ「個人の事業用資産についての贈与税・相続税の
　　　　　　納税猶予・免除（個人版事業承継税制）のあらまし」より

9 特定事業用資産が陳腐化した場合、買換えた場合

　特例受贈事業用資産の全部又は一部が特例事業受贈者の事業の用に供されなくなった場合には、事業の用に供されなくなった日から2月を経過する日が納税猶予期限とされ、納税猶予分の贈与税額のうち、事業の用に供されなくなった部分に対応する贈与税と利子税を併せて納付します。ただし、次に掲げる場合には納税猶予は継続されます（措法70の6の8④）。

(1)　陳腐化等の場合

　特例受贈事業用資産の陳腐化、腐食、損耗などにより資産の全部又は一部を廃棄した場合で、納税地の所轄税務署長に廃棄日から2月以内に廃棄した資産の明細や贈与時の価額などを記載した届出書を提出した場合（措令40の7の8⑱）。

(2)　買換えの場合

　特例受贈事業用資産を譲渡した場合で、その譲渡日から1年以内に譲渡対価の全部又は一部で特例事業受贈者の事業用資産（特例対象の宅地等、建物又は減価償却資産に限られます。）を取得する見込みであることについて納税地の所轄税務署長の承認を受けた場合には次のように取扱われます。（措法70の6の8⑤）

①　譲渡日から1年以内に譲渡対価の全部又は一部で事業用資産の取得をした場合には、その資産は引き続き特例受贈事業用資産とみなされ、納税猶予は継続されます。

②　譲渡日から1年を経過する日に、承認を受けた対価の全部又は一部が事業用資産の取得に充てられていない場合には、充てられていない

部分に係る贈与税額と利子税を併せて納付することになります。

　なお、この承認を受けるためには、特例事業受贈者は、譲渡日から1月以内に、申請者の氏名及び住所、譲渡した特例受贈事業用資産の明細や1年以内に事業供用する見込みの資産の明細・取得予定年月日・取得価額の見積額などを記載した申請書を納税地の所轄税務署に提出しなければなりません（措令40の7の8㉑、措規23の8の8⑪）。

10　会社設立に伴う現物出資による移転

(1)　会社設立に伴う現物出資による移転

　特例受贈事業用資産が特例事業受贈者の事業の用に供されなくなった場合で、その理由が特定申告期限の翌日から 5 年を経過する日後の会社の設立に伴う現物出資による全ての特例受贈事業用資産の移転であるときは、納税地の所轄税務署長の承認を受けることを要件に次のとおり取扱われます（措法 70 の 6 の 8 ⑥）。

①　承認された特例受贈事業用資産の移転はなかつたものとみなされ、納税猶予は継続されます。

②　現物出資により取得した株式又は持分を納税猶予の適用を受ける特例受贈事業用資産とみなされます。

　（注）　この手続を経ずに法人化した場合には、現物出資をした時点で特例受贈事業用資産は（個人の）事業の用に供されなくなるため、その日から 2 月を経過する日が納税の猶予に係る期限となります（措法 70 の 6 の 8 ④）。

(2)　税務署長の承認

　税務署長の承認を受けようとする特例事業受贈者は、次の事項を記載した申請書に添付書類を添えて、現物出資による移転があった日から 1 月以内に納税地の所轄税務署長に提出しなければなりません（措令 40 の 7 の 8 ㉕）。なお、申請書の提出があった日から 1 月以内に承認又は却下の処分がないときは、承認があったものとみなされます（措令 40 の 7 の 8 ㉖）。

①　申請書に記載する主な事項

　イ　申請者の氏名・住所

　ロ　現物出資する特例受贈事業用資産の明細・贈与時の価額

ハ　設立された会社の名称・本店所在地、定款に記載された特例受贈
　　　事業用資産の出資の額
　　ニ　現物出資で取得した株式等の明細・取得年月日・取得時の価額
②　主な添付書類（措規23の8の8⑫）
　　イ　承継会社の定款の写し
　　ロ　承継会社の登記事項証明書

(3)　個人開業医の医療法人化

　この取り扱いでは、現物出資して設立されるのは「会社」とされています。医療法人は「法人」ですが、会社には該当しません。また、「現物出資により取得した株式又は持分を納税猶予の適用を受ける特例受贈事業用資産とみなす。」とされていますが、医療法人の新規設立はすべて「持分なし」となるため、現物出資により持分を取得することはできません。

　たとえば、個人開業の先代院長（父）から事業承継した後継院長（子）がその事業を医療法人化する場合には、特例受贈事業用資産を基金拠出することはできますが、基金は劣後債であり、持分ではありません。また、医療法人化する際には、個人で開設管理している診療所を廃止し（個人事業の廃止）、医療法人立の診療所を新規で開設します。この個人事業の廃止により贈与税の納税猶予は打ち切りとされ、2月を経過する日が納税猶予期限となり、猶予税額の全額と利子税を併せて納付することが必要となります（措法70の6の8③）。

　個人開業の医師・歯科医師が、事業承継に際し納税猶予の特例の適用を受ける場合には、将来、医療法人化した際に、猶予税額の全額と利子税の納付が生じることを念頭において特例の適用の可否を判断することが必要となります。

11 継続届出書の提出

　贈与税の納税猶予の適用を受けている特例事業受贈者は、特例対象と
なる贈与に係る贈与税の申告書の提出期限の翌日から、猶予中贈与税額
の全部について納税猶予が確定する日までの間に、特例贈与報告基準日
（特定申告期限の翌日から 3 年を経過するごとの日）がある場合には、
届出期限（特例贈与報告基準日の翌日から 3 月を経過する日をいいま
す。）までに、引き続き納税猶予特例の適用を受けたい旨及び特例受贈
事業用資産に係る事業に関する事項を記載した届出書を納税地の所轄税
務署長に提出しなければなりません（措法 70 の 6 の 8 ⑨、措令 40 の 7
の 8 ㉘、措規 23 の 8 の 8 ⑰〜⑲）。

〈参考〉 3 年ごとの税務署への継続届出書の提出

　納税猶予適用後、継続して特例の適用を受けるためには 3 年ごとに納
税地の所轄税務署長に継続届出書を提出しなければならない。なお、原
則として都道府県への年次報告は必要ありません。

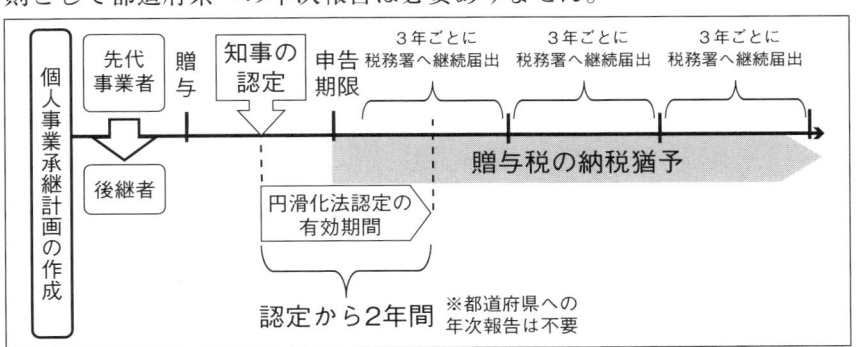

（出典）経済産業省・中小企業庁「－経営承継円滑化法－ 【個人版事業承継税制の
前提となる経営承継円滑化法の認定申請マニュアル】2019 年 4 月施行」より

なお、継続届出書を届出期限までに納税地の所轄税務署長に提出しなかった場合には、届出期限における猶予中贈与税額について、届出期限の翌日から2月が経過する日が納税猶予期限とされるため、猶予されていた贈与税と利子税の納税が生じることになります（措法70の6の8⑪）。ただし、届出期限後であっても、税務署長がやむを得ないと認める場合には、継続届出書を届出期限までに提出できなかった事情の詳細を記載し、必要な書類を添付して税務署長に提出したときは、継続届出書が届出期限内に提出されたものとみなされ（措法70の6の8⑮、措令40の7の8㉜）、継続して納税猶予を受けることができます。

12 円滑化法の認定から贈与税の納税猶予額免除までの流れ

　経営承継円滑化法の認定を受けてから贈与税の納税猶予税額が免除されるまでの流れを図にすると以下のようになります。

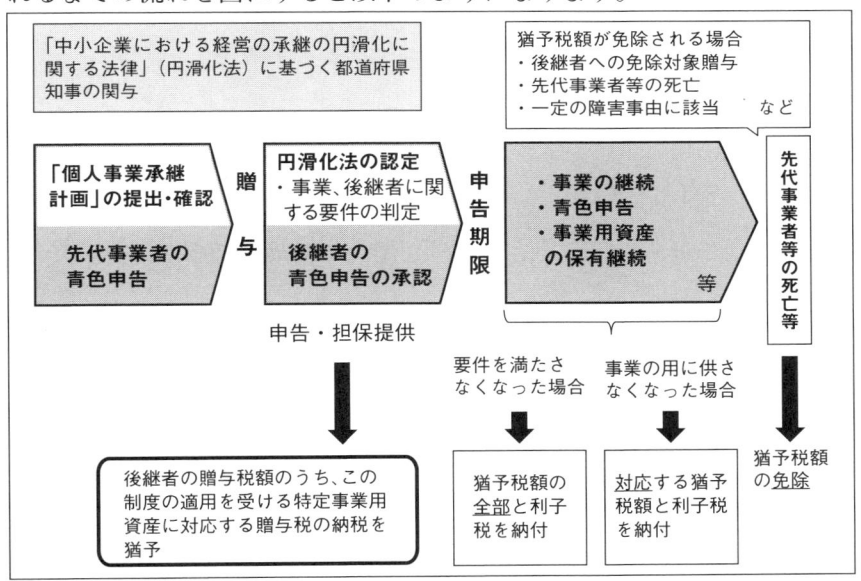

　　（出典）国税庁ホームページ「個人の事業用資産についての贈与税・相続税の
　　　　　　納税猶予・免除（個人版事業承継税制）のあらまし」より

第5章

相続税の納税猶予・免除制度

1 制度の概要

相続税の納税猶予制度の概要は以下のとおりとなります。

(1) 事由

特例事業相続人等（個人事業承継者）が、特定事業用資産を有していた個人として **2**（121ページ）に該当する者（被相続人）から、相続又は遺贈により、その事業に係る特定事業用資産の全てを取得した場合（措法70の6の10①）。

(2) 納税猶予の取扱い

相続税の申告書（期限内申告書をいいます。）の提出により納付すべき相続税額のうち、特定事業用資産で、相続税の申告書に納税猶予の適用を受けようとする旨の記載があるもの（「特例事業用資産」といいます。）に係る納税猶予分の相続税額については、特例事業相人等の死亡の日まで、納税が猶予されます（措法70の6の10①）。

(3) 担保の提供

相続税の納税猶予の適用を受けるためには、相続税の申告書の提出期限までに、納税猶予分の相続税額及び利子税の額に相当する担保を提供しなければなりません（措法70の6の10①、措通70の6の10-10）。

　（注）　利子税は特例事業相続人等の平均余命年数を納税猶予期間として計算します。

なお、担保として提供できる財産の種類は次のものに限られます（国通50）。

> ・国債及び地方債
> ・社債その他の有価証券で税務署長等が確実と認めるもの
> ・土地
> ・建物、立木、登録を受けた飛行機等で保険に附したもの
> ・鉄道財団、工場財団、鉱業財団等
> ・税務署長等が確実と認める保証人の保証
> ・金銭

※　担保は、相続又は遺贈により取得した財産以外の相続人固有の財産でもかまいません。

⑷　適用時期

　この特例は、平成31年1月1日以後の相続又は遺贈により取得する財産に係る相続税について適用されます（改正法附則79）。

⑸　適用期限と先代事業者以外の者からの相続等の場合

　この特例は、平成31年1月1日から令和10年12月31日までの間の10年間の相続又は遺贈が対象とされます。

　また、先代事業者以外の者からの相続又は遺贈について相続税の納税猶予を受けようとする場合には、先代事業者からの最初の特例適用贈与又は特例適用相続・遺贈の日から1年を経過する日までの相続であることが要件とされます（措令40の7の10②）。

⑹　申告要件と添付書類

　この特例は、特例を受けるべき相続税の申告書に特例の適用を受ける旨の記載がない場合や、特定事業用資産の明細・納税猶予分の相続税額の計算明細など所定の事項を記載した書類の添付がない場合には適用されません（措法70の6の10⑨）。

　特定事業用資産の全部又は一部が数人の共有になっている場合には、被相続人以外の者が有していた共有持分に係る部分は特例の対象から除かれます（措法70の6の10①）。

⑻　**経営承継円滑化法の認定を受けることが前提**

　相続税の納税猶予など個人版事業承継税制は、青色申告（正規の簿記の原則によるものに限ります。）に係る事業（不動産貸付事業等は除かれます。）を行っていた先代事業者の後継者（個人事業承継者）として経営承継円滑化法の認定を受けた者が、特定事業用資産を贈与、相続又は遺贈によって取得した場合に、その特定事業用資産に係る贈与税又は相続税について、一定の要件のもと、その納税を猶予し、後継者の死亡等により、猶予されている贈与税や相続税の納付が免除される制度となっています。従って、納税猶予の適用を受ける前提は経営承継円滑化法による認定を受けることとなります（認定の詳細は第3章を参照）。

2　特例の適用対象となる被相続人

　相続税の納税猶予制度の対象となる「特定事業用資産を有していた個人（特例の適用対象となる被相続人）」とは、次の区分に応じて(1)、(2)に定める者が該当します（措令40の7の10①）。

(1)　被相続人が先代事業者である場合

　特定事業用資産を有していた者が相続開始の直前に特定事業用資産に係る事業を行っていた者（先代事業者）である場合には、相続開始日の属する年、その前年、その前々年の確定申告書を青色申告書（65万円（令和2年以降は55万円）の青色申告特別控除の適用を受けているものに限られます。）により納税地の所轄税務署長に提出している者であること（措令40の7の10①一）。

(2)　被相続人が先代事業者以外の場合

　(1)以外の場合で、次に掲げる要件の全てを満たす場合（措令40の7の10①二）

① 　相続開始の直前に特定事業用資産に係る事業を行っていた者（先代事業者）と生計を一にする親族であること

② 　先代事業者の相続税について納税猶予の特例を受けたその相続開始の時後に開始した相続に係る被相続人であること

　なお、先代事業者以外の者からの相続又は遺贈について相続税の納税猶予を受けようとする場合には、先代事業者からの最初の特例適用贈与又は特例適用相続等の日から1年を経過する日までの相続であることが要件となります（措令40の7の10②）。

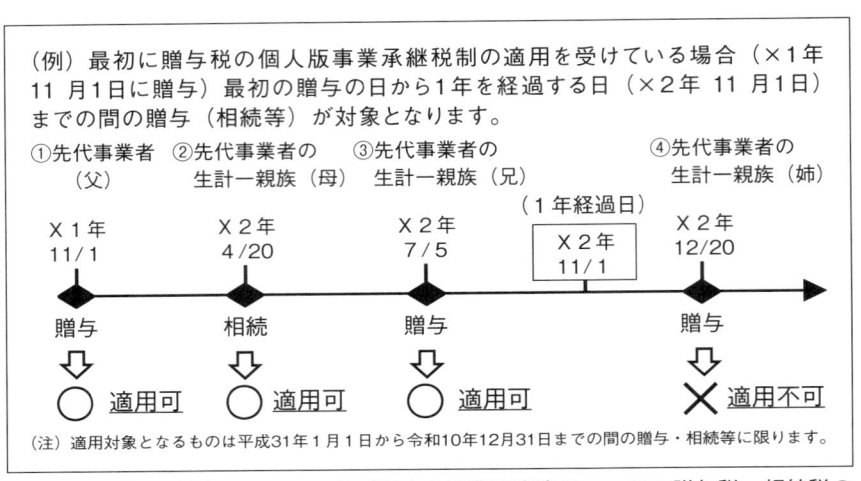

（例）最初に贈与税の個人版事業承継税制の適用を受けている場合（×1年11月1日に贈与）最初の贈与の日から1年を経過する日（×2年11月1日）までの間の贈与（相続等）が対象となります。

①先代事業者　②先代事業者の　③先代事業者の　　　　　　　　④先代事業者の
　（父）　　　　生計一親族（母）　生計一親族（兄）　　　　　　　生計一親族（姉）

×1年　　　　×2年　　　　×2年　　（1年経過日）　×2年
11/1　　　　4/20　　　　7/5　　　×2年　　　　12/20
　　　　　　　　　　　　　　　　　11/1

贈与　　　　相続　　　　贈与　　　　　　　　贈与

〇 適用可　　〇 適用可　　〇 適用可　　　　✕ 適用不可

（注）適用対象となるものは平成31年1月1日から令和10年12月31日までの間の贈与・相続等に限ります。

（出典）国税庁ホームページ「個人の事業用資産についての贈与税・相続税の
納税猶予・免除（個人版事業承継税制）のあらまし」より

3 特例事業相続人等

　相続税の納税猶予の対象とされる「特例事業相続人等」とは、被相続人からこの特例の対象となる相続又は遺贈により特定事業用資産の取得をした個人で、次に掲げる要件の全てを満たす者が該当します（措法70の6の10②二）。

(1)　経営承継円滑化法第2条に規定する「中小企業者^(注1)」であって経済産業大臣（経済産業大臣の権限に属する事務を都道府県知事が行うこととされている場合にあっては都道府県知事）の認定（特例円滑化法認定）を受けていること

　（注1）　個人開業の医師・歯科医師の業種目はサービス業となるため中小企業者に該当する要件は「常時使用する従業員の数が100人以下」となる。

　※参考：「常時使用する従業員の数」について

　青色申告決算書にある「給料賃金の内訳（農業所得の場合は「雇入費の内訳」）」、「専従者給与の内訳」に記載されている従業員の合計数で算定をします。なお、日雇労働者、短期間雇用労働者（当該事業所の平均的な従業員と比して労働時間が4分の3に満たない短時間労働者）は常時使用する従業員には該当しません。

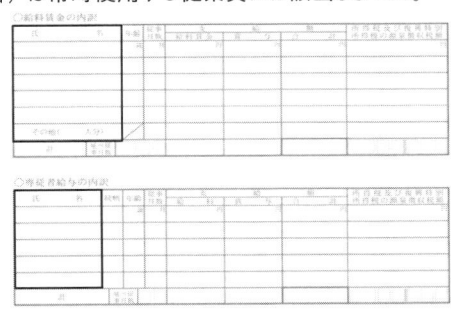

（出典）経済産業省・中小企業庁「－経営承継円滑化法－ 【個人版事業承継税制の前提となる経営承継円滑化法の認定申請マニュアル】2019年4月施行」より

(2)　相続開始の直前において特定事業用資産に係る事業（事業に準ずる
　　ものとして財務省令で定めるものを含む^(注2)。）に従事していたこと。
　　（被相続人が60歳未満で死亡した場合には、この要件は除かれる。）

<blockquote>（注2）　「事業に準ずるものとして財務省令で定めるもの」とは、特定事業用
　　　　資産に係る事業と同種又は類似の事業に係る業務（特定事業用資産に
　　　　係る事業に必要な知識、技能を習得するための学校教育法第1条に規
　　　　定する大学、高等専門学校等の教育機関における修学を含む。）とす
　　　　るとされている（措規23の8の9①）。具体的には、個人の診療所を
　　　　承継するために大学病院で研修医として従事している場合などが考え
　　　　られる。</blockquote>

※参考：「同種又は類似の事業」について

　円滑化法の認定を受ける場合の「同種又は類似の事業」とは、日本標準産業分
類における中分類（中分類のみの場合は大分類）上、同区分となる事業をいう（45
ページ参照）。なお、中分類上は異なる事業となる場合でも、その従事していた
業務の内容により「類似の事業」と認められる場合がある。たとえば、介護老人
保健施設で医師として業務に従事していた場合などがこれに該当する。

(3)　相続開始の時から相続税の申告書の提出期限（提出期限前に個人が
　　死亡した場合には、その死亡の日。(4)において同じ。）まで引き続き
　　特定事業用資産の全てを有し、かつ、自己の事業の用に供しているこ
　　と

(4)　相続税の申告書の提出期限において、特定事業用資産に係る事業に
　　ついて開業届出書（所法229）の提出していること及び青色申告の承
　　認（所法143）を受けていること（受ける見込みを含む。）

(5)　特定事業用資産に係る事業が、相続開始の時において、資産保有型
　　事業、資産運用型事業及び性風俗関連特殊営業のいずれにも該当しな
　　いこと

(6)　被相続人から相続又は遺贈により財産を取得した者が、「特定事業用

宅地等（措法69の4③一）」についての小規模宅地等の評価減特例の適用を受けていないこと。

(7)　個人事業の承継者が被相続人の事業を確実に承継すると認められる要件として財務省令（注3）で定めるものを満たしていること。

（注3）　財務省令では、円滑化省令第17条第1項の確認（指導及び助言に係る都道府県知事の確認）を受けた者であることとされている（措規23の8の9④）。

〈参考〉個人事業者の相続税の納税猶予制度の適用要件等

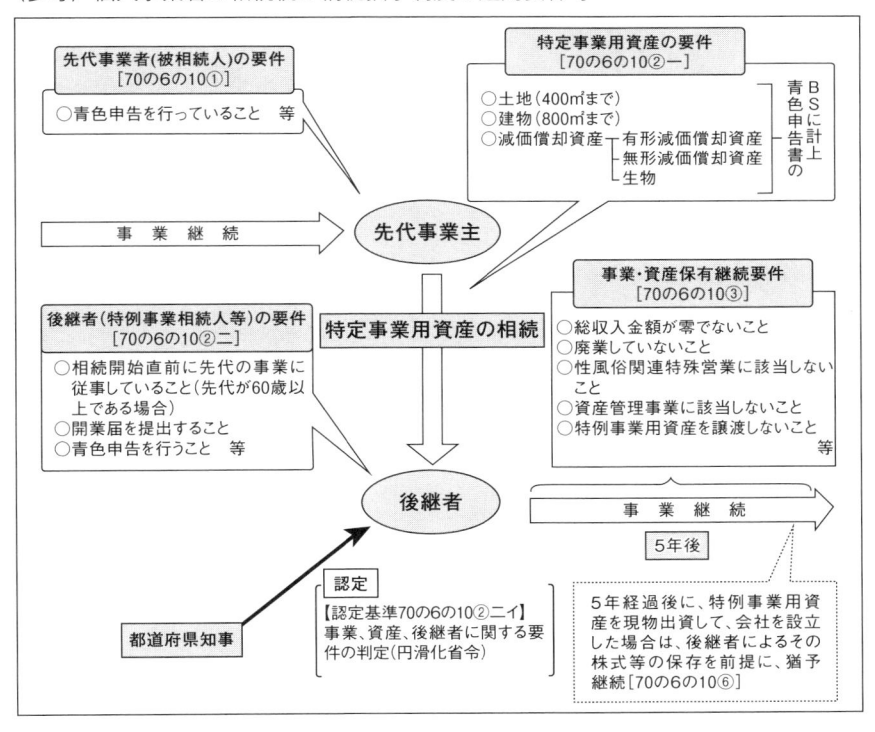

（出典）財務省ホームページより

4 納税猶予分の相続税額と相続税の計算

相続税の納税猶予を受ける場合の特例事業相続人等の納付すべき相続税額の計算は、通常どおり計算した相続税額から「納税猶予分の相続税額」を控除して計算することになります。納税猶予分の相続税額は、特例事業用資産の価額を特例事業相続人等に係る相続税の課税価格とみなして（特例事業相続人等は特例事業用資産だけを相続したものと仮定して課税価格を計算します。）、計算した相続税額がこれに該当します（措法70条の6の10②三、措令40の7の10⑨⑪）。

なお、被相続人に債務がある場合には特定事業用資産の価額からその債務の額（明らかに事業用でない債務の額は除かれます。）を控除した額を猶予税額の計算の基礎として税額を計算します（措令40の7の10⑨⑩）。

特例事業相続人等以外の相続人の納付すべき相続税額には影響はありません。

納税が猶予される相続税の計算方法のイメージは次のとおりとなります。

納税が猶予される相続税などの計算方法

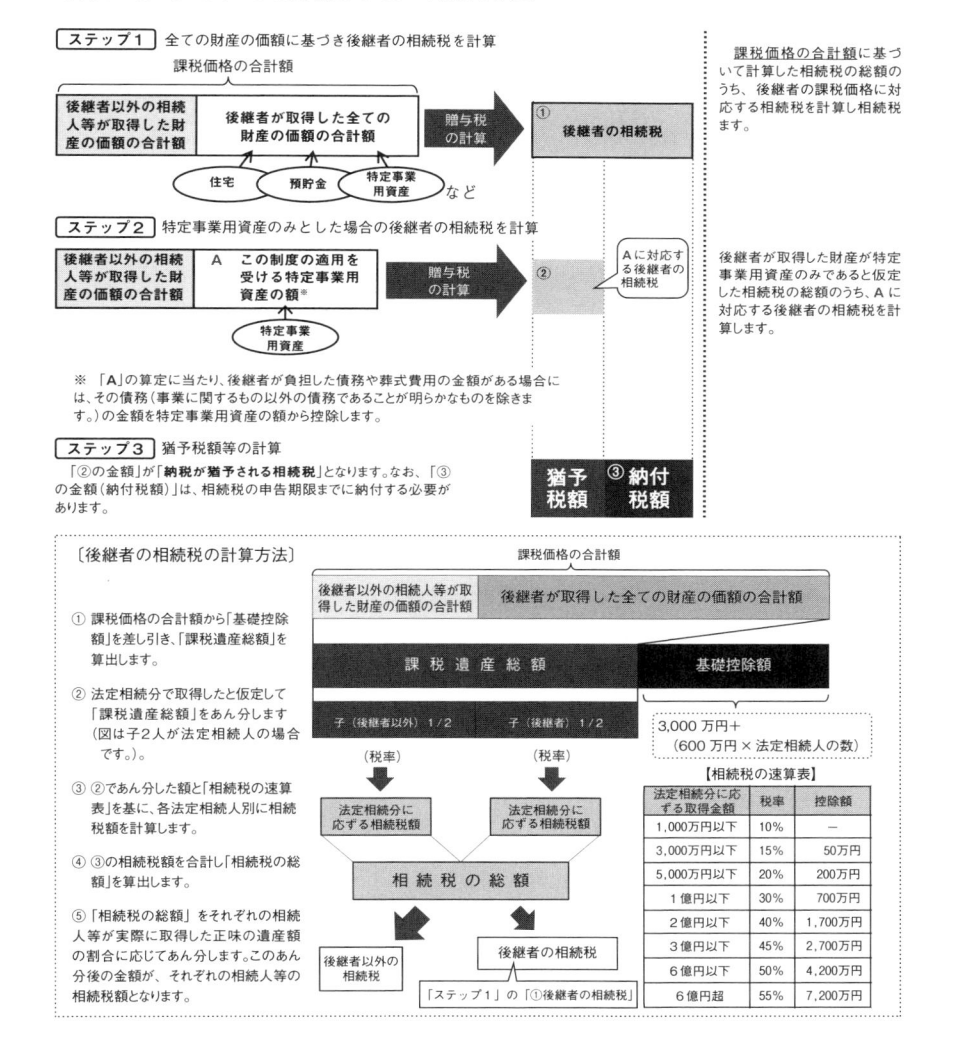

（出典）国税庁ホームページ「個人の事業用資産についての贈与税・相続税の
納税猶予・免除（個人版事業承継税制）のあらまし」より

父（個人開業医・被相続人）の相続の状況

〈相続人〉長男（医師・後継者）・長女の２人

〈財　産〉

５億円で内訳は以下のとおり。

・診療所用建物（800㎡）　　　（相続税評価額　　　　　１億円）

・診療所用建物の敷地（400㎡）（相続税評価額　２億5,000万円）

・医療用機器等　　　　　　　　（相続税評価額　　　1,000万円）

・金融資産　　　　　　　　　　（相続税評価額　１億4,000万円）

〈分　割〉

長男が診療所用建物（800㎡）、診療所用建物の敷地（400㎡）、医療用機器等及び金融資産のうち5,000万円の合計４億1,000万円を相続した。なお、長男は診療所用建物（800㎡）及び診療所用建物の敷地（400㎡）について相続税の納税猶予の適用を受ける。

長女が金融資産のうち9,000万円を相続した。

1　相続税額の計算

$\{$（５億円 − 4,200万円（基礎控除））× 1／2 × 45% − 2,700万円$\}$× 2

$$= \ 152{,}100{,}000 \ 円$$

長男の相続税：１億5,210万円 × ４億1,000万円／５億円

$$= \ 124{,}722{,}000 \ 円$$

長女の相続税：１億5,210万円 × 9,000万円／５億円

$$= \ \ \ \ 27{,}378{,}000 \ 円$$

2　納税猶予分の相続税額の計算

(1)　長男が特例事業用資産（評価額３億5,000万円）のみ相続したと

仮定して相続税の計算をする。

｛（4億4,000万円 − 4,200万円（基礎控除））× 1 ／ 2 × 40％ − 1,700万円｝× 2 ＝ 125,200,000円

(2)　長男の納税猶予分の相続税額

1億2,520万円× 3億5,000万円 ／ 4億4,000万円 ＝ 99,590,900円（百円未満切捨）

3　納付税額の計算

長男の納付税額：124,722,000円 − 99,590,900円 ＝ 25,131,100円

長女の納付税額：27,378,000円

┌─【計算例その2　債務がある場合】─────────────

　父（個人開業医・被相続人）の相続の状況

〈相続人〉長男（医師・後継者）・長女の2人

〈財　産〉

積極財産5億円で内訳は以下のとおり。

・診療所用建物（800㎡）　　　　（相続税評価額　　　　1億円）

・診療所用建物の敷地（400㎡）（相続税評価額　2億5,000万円）

・医療用機器等　　　　　　　　（相続税評価額　　1,000万円）

・金融資産　　　　　　　　　　（相続税評価額　1億4,000万円）

診療所用建物建築のための負債が3,000万円ある。

〈分　割〉

　長男が診療所用建物（800㎡）、診療所用建物の敷地（400㎡）、医療用機器等及び金融資産のうち5,000万円と負債の3,000万円（正味財産3億8,000万円）を相続した。なお、長男は診療所用建物（800㎡）及び診療所用建物の敷地（400㎡）について相続税の納税猶予の適用を受ける。

　長女が金融資産のうち9,000万円を相続した。

└────────────────────────────────

1　相続税額の計算

　{（4億7,000万円[注1] − 4,200万円（基礎控除））× 1 / 2 × 45％ − 2,700万円} × 2 = 138,600,000円

（注1）　長男：（1億円＋2億5,000万円−3,000万円）＋1,000万円
　　　　　＋5,000万円＝3億8,000万円
　　　　　長女：9,000万円

合計：4億7,000万円

長男の相続税：1億3,860万円×3億8,000万円／4億7,000万円

= 112,059,500円（百円未満切捨）

長女の相続税：1億3,860万円×9,000万円／4億7,000万円

= 26,540,400円（百円未満切捨）

2　納税猶予分の相続税額の計算

(1)　長男が特例事業用資産（評価額3億5,000万円）のみ相続したと仮定して相続税の計算をする。特例事業用資産の価額から事業用負債の金額を控除する。

$\{$（4億1,000万円[注2] − 4,200万円（基礎控除））× 1／2 × 40％ − 1,700万円$\}$ × 2 = 113,200,000円

(注2)　長男：3億5,000万円−3,000万円（負債）＝3億2,000万円

長女：9,000万円

合計：4億1,000万円

(2)　長男の納税猶予分の相続税額

1億1,320万円×3億2,000万円／4億1,000万円 = 88,351,200円（百円未満切捨）

3　納付税額の計算

長男の納付税額：112,059,500円 − 88,351,200円 = 23,708,300円

長女の納付税額：26,540,400円

5 猶予税額の全額免除

特例事業相続人等が、次のいずれかに該当することとなった場合には、納税猶予税額の全額が免除されます（措法70の6の10⑮、⑯、措令40の7の8㉙㉚）。

(1) 特例事業相続人等が死亡した場合

(2) 特定申告期限^(注1)の翌日から5年を経過する日後に、特例事業相続人等が特例事業用資産の全てについて（次の後継者へ）免除対象贈与^(注2)を行った場合

> （注1）「特定申告期限」とは、後継者の最初のこの制度の適用に係る相続税の申告期限又は最初の「個人の事業用資産に係る贈与税の納税猶予」の適用に係る贈与税の申告期限のいずれか早い日をいう（措法70の6の10⑥）。
>
> （注2）「免除対象贈与」とは、この特例の適用を受けている特例事業用資産が次の後継者（三代目）に贈与され、その後継者が「個人の事業用資産に係る贈与税の納税猶予（措法70の6の8①）」の適用を受ける場合の贈与をいう。

(3) 特例事業相続人等が事業を継続することができなくなったことについて「やむを得ない理由^(注3)」がある場合

> （注3）「やむを得ない理由」とは、次に掲げる事由のいずれかに該当することになったことをいう（措規23の8の9㉑、措通70の6の10-50）。

① 精神保健及び精神障害者福祉に関する法律の規定により精神障害者保健福祉手帳（障害等級が1級）の交付を受けたこと

② 身体障害者福祉法の規定により身体障害者手帳（身体上の障害の程度が1級又は2級）の交付を受けたこと

③ 介護保険法の規定による要介護認定（要介護状態区分が要介護5）を受けたこと

　なお、猶予税額の全額免除を受ける場合には、特例事業相続人等又は特例事業相続人等の相続人（包括受遺者を含む。）は、免除事由に該当することとなった日以後6月を経過する日（免除届出期限）までに、相続税の免除を受けようとする旨、免除を受ける相続税の額、届出書の提出をする者の氏名・住所等を記載した免除届出書を納税地の所轄税務署長に提出しなければなりません（措法70の6の10⑮）。ただし、免除届出書が免除届出期限までに提出されなかった場合でも、税務署長がやむを得ない事情があると認め、期限内に提出できなかった事情の詳細が記載された届出書が提出された場合などには、免除を受けることができます（措法70の6の10⑯、措令40の7の10㉘）。

6 猶予税額の一部免除

(1) 猶予税額の一部免除

　特例事業相続人等が次のいずれかに該当することとなった場合には、猶予税額の一部が免除されます（措法70の6の10⑰⑱、措令40の7の10㉙〜㉛、措規23の8の8㉗）。

① 　特例事業用資産の全てを、特例事業相続人等の特別関係者以外の次に掲げる一人の者に対し譲渡又は贈与をした場合

　　イ　譲渡又は贈与の時に所得税の青色申告の承認を受けている個人

　　ロ　持分の定めのある法人（医療法人を除く。）

　　ハ　持分の定めのない法人（一般社団法人（公益社団法人を除く。）及び一般財団法人（公益財団法人を除く。）を除く。）

② 　民事再生法の規定による再生計画の認可決定に基づき、再生計画実現のため特例事業用資産の全てを譲渡又は贈与をした場合

③ 　特例事業相続人等に破産手続開始の決定があった場合

④ 　特例事業相続人等の「事業の継続が困難な一定の事由[注]」が生じた場合において、特例事業用資産の全てを特別関係者以外の者に譲渡又は贈与した場合

⑤ 　特例事業相続人等の「事業の継続が困難な一定の事由[注]」が生じた場合において、特例事業用資産に係る事業を廃止した場合

　　（注）　④と⑤の「事業の継続が困難な一定の事由」とは、特例事業用資産等に係る事業について、①直前3年中2年以上その事業に係る事業所得の金額が0未満の場合、②直前3年中2年以上その事業に係る総収入金額が前年を下回る場合、③後継者が心身の故障等によりその事業に従事できなくなった場合をいう。

(2)　譲渡・贈与、再生計画の決定の場合の免除額

上記(1)①又は②の場合において、次のイ・ロの金額の合計額が譲渡・贈与の直前における猶予中相続税額に満たないときには、猶予中相続税額からイ・ロの合計額を控除した残額の相続税が免除されます。

イ　譲渡・贈与があつた時の特例事業用資産の時価（時価が特例事業用資産の譲渡等の対価より低い場合には譲渡等の対価）

ロ　譲渡等以前5年以内に、特例事業相続人等の特別関係者が特例事業相続人等から受けた必要経費不算入対価等[注]の合計額

（注）「必要経費不算入対価等」とは、後継者の親族など、特別関係者が事業に従事したことその他の事由により後継者から支払を受けた対価又は給与であって、所得税法第56条（事業に専従する親族がある場合の必要経費の特例等）又は第57条（事業に専従する親族がある場合の必要経費の特例等）の規定により、その事業に係る事業所得の金額の計算上必要経費に算入されるもの以外のものをいう。

(3)　破産手続開始の決定があった場合の免除額

上記(1)③の場合には、次のイの金額からロの金額を控除した残額に相当する相続税が免除されます。

イ　破産手続開始決定直前の猶予中相続税額

ロ　破産手続開始決定以前5年以内に、特例事業相続人等の特別関係者が特例事業相続人等から受けた必要経費不算入対価等の合計額

(4)　事業の継続が困難な一定の事由が生じた場合の免除額

上記(1)④・⑤の「事業の継続が困難な一定の事由」が生じた場合に、特例事業用資産の全部の譲渡・贈与をしたとき又はその事業を廃止したときには、その対価の額（譲渡等の時の相続税評価額の50％に相当する金額が下限になります。）又は廃止直前の資産の時価を基に相続税額等を再計算し、再計算した税額と過去5年間の必要経費不算入対価等の

合計額が当初の納税猶予税額を下回る場合には、その差額は免除されます（再計算した税額を納付します。）。

〈再計算のイメージ〉

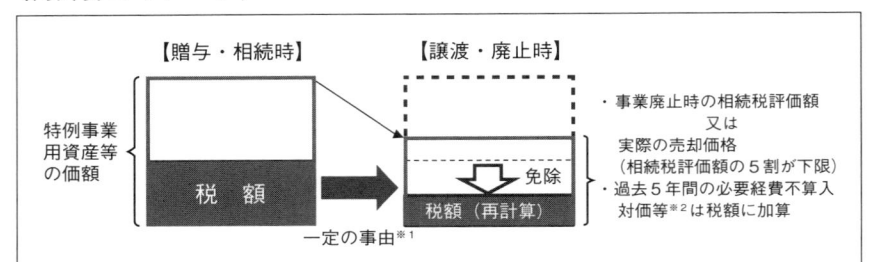

（出典）国税庁ホームページ「個人の事業用資産についての贈与税・相続税の納税猶予・免除（個人版事業承継税制）のあらまし」より

(5) **手続き**

　猶予税額の一部免除を受けようとする特例事業相続人等は、(1)の事由に該当することとなった日から2月を経過する日までに、免除を受けたい旨、免除を受けようとする相続税額（免除申請相続税額）とその計算明細、その事情の詳細などを記載した申請書を納税地の所轄税務署長に提出しなければなりません（措法70の6の10⑰⑱、措規23の8の8㉒～㉕）。

7 猶予税額の全額と利子税の納付が必要な場合

　相続税の納税猶予の適用を受ける特例事業相続人等、特例事業用資産又は特例事業用資産に係る事業について、次のいずれかに該当することとなった場合には、それぞれに掲げる日から2月を経過する日が納税猶予期限とされ、猶予税額の全額と利子税を併せて納付することになります（措法70の6の10③）。

(1)　特例事業相続人等が事業を廃止した場合^(注1)……事業廃止日

　（注1）　破産手続開始決定があった場合や「事業の継続が困難な一定の事由（134ページ参照）」に該当する場合を除く。

　（注2）　認定を受けた相続・遺贈により取得した特定事業用資産に係る事業を廃止した場合には、認定の取り消しがされる。なお、先代事業者が営んでいた事業を「転業」した場合（不動産賃貸業、資産保有型事業及び資産運用型事業に該当する場合を除く）は、認定の取消事由に該当しない（措通70の6の10-24）。

(2)　事業が資産保有型事業、資産運用型事業、性風俗関連特殊営業に該当した場合……該当日

(3)　特例事業相続人等のその年の事業所得の総収入金額が零となった場合……その年12月31日

(4)　特例事業用資産の全てが特例事業相続人等のその年の事業所得に係る青色申告書の貸借対照表に計上されなくなった場合‥その年12月31日

(5)　特例事業相続人等が青色申告の承認の取り消し規定（所法150①）により青色申告の承認を取り消された場合又は青色申告の取りやめ等の規定（所法151①）により青色申告書の提出をやめる旨の届出書を提出した場合……承認取消日又は届出書提出日

(6)　特例事業相続人等が相続税の納税猶予の適用をやめる旨記載した届出書を納税地の所轄税務署長に提出した場合……届出書の提出日

(7)　特例事業相続人等が青色申告の承認を受ける見込みにより相続税の納税猶予特例を受けた場合で、その承認申請が却下（所法145）されたとき……その申請が却下された日

2　利子税

　相続税の納税猶予を受けていた者が、猶予税額の全部又は一部を納付する場合には、その納付税額について、相続税の法定申告期限からの利子税（年3.6％。利子税の特例（貸出約定平均利率の年平均が0.6％の場合）を適用した場合には、年0.7％）を併せて納付することになります（措法70の6の10㉖、93②③、平30.12.12財務省告示336号）。

〈参考〉利子税の計算方法

○　猶予の期限が確定した贈与税・相続税を納付する場合に、これと併せて納付する利子税は、贈与税・相続税の申告期限の翌日から納税猶予の期限までの期間（日数）に応じ、年3.6％の割合で計算します。
　　なお、各年の特例基準割合が7.3％に満たない場合には、その年における利子税の割合は、次の計算式のとおり軽減されます（0.1％未満の端数は切捨て。令和元年は0.7％に軽減。）。

（計算式）

$$\text{利子税の割合} \ = \ 3.6\% \ \times \ \frac{\text{特例基準割合※}}{7.3\%}$$

※　特例基準割合とは、各年の前々年の10月から前年の9月までの各月における銀行の新規の短期貸出約定平均金利の合計を12で除して得た割合として、各年の前年の12月15日までに財務大臣が告示する割合に1％の割合を加算した割合（令和元年は1.6％）をいいます。

（出典）国税庁ホームページ「個人の事業用資産についての贈与税・相続税の納税猶予・免除（個人版事業承継税制）のあらまし」より

8 特例事業用資産が陳腐化等した場合、買換えた場合

　特例事業用資産の全部又は一部が特例事業相続人等の事業の用に供されなくなった場合には、事業の用に供されなくなった日から2月を経過する日が納税猶予期限とされ、納税猶予分の相続税額（猶予中相続税額）のうち、事業の用に供されなくなった部分に対応する相続税と利子税を併せて納付します。ただし、次に掲げる場合には納税猶予は継続されます（措法70の6の10④⑤）。

(1) 陳腐化等の場合

　特例事業用資産の陳腐化、腐食、損耗などにより資産の全部又は一部を廃棄した場合で、納税地の所轄税務署長に廃棄日から2月以内に廃棄した資産の明細や相続開始時の価額などを記載した届出書を提出した場合（措令40の7の10⑮）。

(2) 買換えの場合

　特例事業用資産を譲渡した場合で、その譲渡日から1年以内に譲渡対価の全部又は一部で特例事業相続人等の事業用資産（特例対象の宅地等、建物又は減価償却資産に限られます。）を取得する見込みであることについて納税地の所轄税務署長の承認を受けた場合（措法70の6の10⑤）。なお、この場合には次のように取扱われます。

① 譲渡日から1年以内に譲渡対価の全部又は一部で事業用資産の取得をした場合には、その資産は引き続き特例事業用資産とみなされ、納税猶予は継続されます。

② 譲渡日から1年を経過する日に、承認を受けた対価の全部又は一部が事業用資産の取得に充てられていない場合には、充てられてい

ない部分に係る相続税額と利子税を併せて納付することになります。

　なお、この承認を受けるためには、特例事業相続人等は、譲渡日から1月以内に、申請者の氏名及び住所、譲渡した特例事業用資産の明細や1年以内に事業供用する見込みの資産の明細・取得予定年月日・取得価額の見積額などを記載した申請書を納税地の所轄税務署長に提出しなければなりません（措令40の7の10⑱、措規23の8の9⑧）。

9　会社設立に伴う現物出資による移転

(1)　会社設立に伴う現物出資による移転

　特例事業用資産が特例事業相続人等の事業の用に供されなくなった場合で、その理由が特定申告期限の翌日から5年を経過する日後の会社の設立に伴う現物出資による全ての特例事業用資産の移転であるときは、納税地の所轄税務署長の承認を受けることを要件に次のとおり取扱われます（措法70の6の10⑥）。

　① 　承認された特例事業用資産の移転はなかつたものとみなされ、納税猶予は継続されます。

　② 　現物出資により取得した株式又は持分は納税猶予の適用を受ける特例事業用資産とみなされます。

　　（注）　この手続を経ずに法人化した場合には、現物出資をした時点で特例事業用資産は（個人の）事業の用に供されなくなるため、その日から2月を経過する日が納税の猶予に係る期限となります。（措法70の6の10③）

(2)　税務署長の承認

　税務署長の承認を受けようとする特例事業相続人等は、次の事項を記載した申請書に添付書類を添えて、現物出資による移転があった日から1月以内に納税地の所轄税務署長に提出しなければなりません（措令40の7の10㉒）。なお、申請書の提出があった日から1月以内に承認又は却下の処分がないときは、承認があったものとみなされます（措令40の7の8㉓）。

　① 　申請書に記載する主な事項

　　イ 　申請者の氏名・住所

　　ロ 　現物出資する特例事業用資産の明細・相続開始時の価額

ハ　設立された会社の名称・本店所在地、定款に記載された特例事業
　　　　用資産の出資の額

　　ニ　現物出資で取得した株式等の明細・取得年月日・取得時の価額

②　主な添付書類（措規23の8の9⑨）

　　イ　承継会社の定款の写し

　　ロ　承継会社の登記事項証明書

(3)　個人開業医の医療法人化

　この取扱いでは、現物出資して設立されるのは「会社」とされています。医療法人は「法人」ですが、会社には該当しません。また、「現物出資により取得した株式又は持分を納税猶予の適用を受ける特例事業用資産とみなす。」とされていますが、医療法人の新規設立はすべて「持分なし」となるため、現物出資により持分を取得することはできません。

　たとえば、個人開業の先代院長（父）から相続により事業承継した後継院長（子）がその事業を医療法人化する場合には、特例事業用資産を基金拠出することはできますが、基金は劣後債であり、持分ではありません。また、医療法人化する際には、個人で開設管理している診療所を廃止し（個人事業の廃止）、医療法人立の診療所を新規で開設します。この個人事業の廃止により相続税の納税猶予は打ち切りとされ、2月を経過する日が納税猶予期限となり、猶予税額の全額と利子税を併せて納付することが必要となります（措法70の6の10③）。

　個人開業の医師・歯科医師が、事業承継に際し納税猶予の特例の適用を受ける場合には、将来、医療法人化した際に猶予税額の全額と利子税の納付が生じることを念頭において特例の適用の可否を判断することが必要となります。

10 事業用資産が未分割の場合

　相続税の申告書の提出期限までに、相続又は遺贈により取得した被相続人の事業の用に供されていた資産の全部又は一部が共同相続人又は包括受遺者によって分割されていない場合には、その分割されていない資産については、相続税の納税猶予の適用を受けることはできません（措法70の6の10⑦）。

11 継続届出書の提出

　相続税の納税猶予の適用を受けている特例事業相続人等は、特例対象となる相続に係る相続税の申告書の提出期限の翌日から、猶予中相続税額の全部について納税猶予が確定する日までの間に、特例相続報告基準日（特定申告期限の翌日から3年を経過するごとの日）がある場合には、届出期限（特例相続報告基準日の翌日から3月を経過する日をいう。）までに、引き続き納税猶予特例の適用を受けたい旨及び特例事業用資産に係る事業に関する事項を記載した届出書を納税地の所轄税務署長に提出しなければなりません（措法70の6の10⑩、措令40の7の10㉖、措規23の8の9⑮〜⑰）。

〈参考〉3年ごとの税務署への継続届出書の提出

　納税猶予適用後、継続して特例の適用を受けるためには3年ごとに納税地の所轄税務署長に継続届出書を提出しなければなりません。なお、原則として都道府県への年次報告は必要ありません。

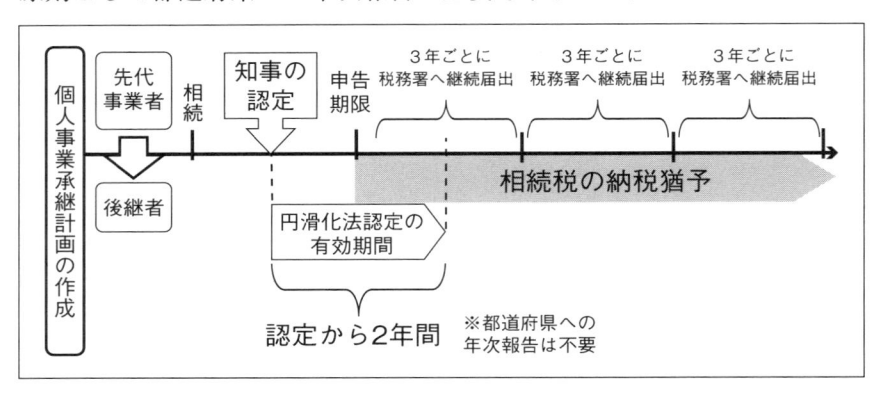

　（出典）経済産業省・中小企業庁「－経営承継円滑化法－　【個人版事業承継税制の前提となる経営承継円滑化法の認定申請マニュアル】2019年4月施行」を一部改編

　なお、継続届出書を届出期限までに納税地の所轄税務署長に提出しなかった場合には、届出期限における猶予中相続税額について、届出期限の翌日から2月が経過する日が納税猶予期限とされるため、猶予されていた相続税と利子税の納税が生じることになります（措法70の6の10⑫）。ただし、届出期限後であっても、税務署長がやむを得ないと認める場合には、継続届出書を届出期限までに提出できなかった事情の詳細を記載し、必要な書類を添付して税務署長に提出したときは、継続届出書が届出期限内に提出されたものとみなされ（措法7の6の10⑯、措令40の7の8㉘）、継続して納税猶予を受けることができます。

12 円滑化法の認定から相続税の納税猶予額免除までの流れ

　経営承継円滑化法の認定を受けてから相続税の納税猶予税額が免除されるまでの流れを図にすると以下のようになります。

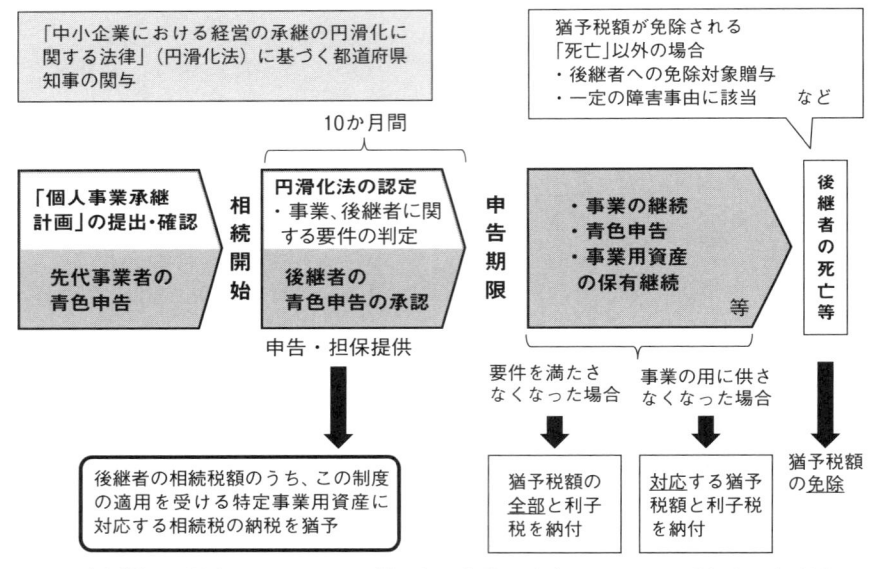

（出典）国税庁ホームページ「個人の事業用資産についての贈与税・相続税の納税猶予・免除（個人版事業承継税制）のあらまし」より

13 先代経営者が医師で、個人事業承継者が歯科医師である場合

　先代経営者が医師で、個人事業承継者（後継者）が歯科医師である場合（例えば父親が内科医で、子が歯科医師である場合）の個人版事業承継税制の適用については、中小企業における経営の承継の円滑化に関する法律及び租税特別措置法ともに「転業」を禁止していないため、円滑化法認定における要件と措置法における要件のいずれも満たす場合には、個人版事業承継税制の適用がされると考えられます。後継者（受贈者、相続人等）の要件、先代事業者等（贈与者、被相続人）の要件を満たしていること等については、都道府県知事の「円滑化法の認定」が必要となるため、実務的には、円滑化法の要件の個別の判断について、案件ごとに都道府県の担当者と相談をし、可であれば特例適用も可能となります。

　なお、小規模宅地等の評価減特例のうち「特定事業用宅地等」については、父親が医師で子が歯科医師という組み合わせの場合は、評価減の適用を受けることはできません。

　(注)　先代経営者が歯科医師で、個人事業承継者（後継者）が医師の場合も同様の取扱いとなります。

（平成31年1月分以降用）「**個人の事業用資産についての相続税の納税猶予及び免除」の適用要件チェックシート**

（はじめにお読みください。）

1　このチェックシートは、「個人の事業用資産についての相続税の納税猶予及び免除」（租税特別措置法第70条の6の10）の適用を受けるための適用要件を確認する際に使用してください。

2　「確認結果」欄の左側のみに○がある場合には、原則としてこの特例の適用を受けることができます。

3　このチェックシートは、申告書の作成に際して、この特例の適用を受ける者ごとに適用要件等を確認の上、申告書に添付してご提出ください。

4　「個人の事業用資産の贈与者が死亡した場合の相続税の納税猶予及び免除」（租税特別措置法第70条の6の10）の適用を受ける場合には、このチェックシートではなく、「個人の事業用資産の贈与者が死亡した場合の相続税の納税猶予及び免除」のチェックシートを使用してください。

相続人等（特例適用者）　　　　　　　　　**被相続人氏名：**

住　　所		関与税理士	所在地	
氏　　名			氏名		電話	
電話（　　　）						

項目		確認内容（適用要件）	確認結果		確認の基となる資料
被相続人		(1)　この特例の適用に係る相続開始の直前において特定事業用資産に係る事業を行っていた者に該当しますか。	はい		―
	申告期限まで	○　その事業について、相続開始日の属する年、その前年及びその前々年の確定申告書を青色申告書（租税特別措置法第25条の2第3項の規定の適用に係るものに限ります。以下同じです。）により提出していますか。	はい	いいえ	○　確定申告書、青色申告決算書など
		(2)　(1)の場合以外の場合ですか。	はい		―
	相続開始の直前	①　特定事業用資産に係る事業を行っていた者に係るこの特例の適用に係る相続開始の直前又は「個人の事業用資産についての贈与税の納税猶予及び免除」の適用に係る贈与の直前において、その者と生計を一にする親族ですか。	はい	いいえ	―
	相続開始の時	②　①の相続開始の時又は贈与の時後に開始した相続に係る被相続人ですか。	はい	いいえ	○　戸籍の謄本又は抄本など

148

			はい	いいえ	
後継者（相続人等）	相続開始の直前	○　その特定事業用資産に係る事業に従事していましたか（被相続人が60歳未満で死亡した場合には、「はい」に○をしてください。）。(注1) （業務の具体的内容等）	はい	いいえ	−
	相続開始の時	①　特定事業用資産の取得が、平成31年1月1日から令和10年12月31日までの間の相続又は遺贈（以下「相続等」といいます。）による取得で、次のいずれかの取得ですか。 　イ　最初のこの特例の適用に係る相続等による取得 　ロ　イの取得の日から1年を経過する日までの相続等による取得（注2）	はい	いいえ	○　戸籍の謄本又は抄本など
		②　被相続人から特定事業用資産の全てを取得していますか。	はい	いいえ	○　青色申告決算書、相続税の申告書第8の6表の付表1など
		③　その事業が、資産保有型事業、資産運用型事業及び性風俗関連特殊営業のいずれにも該当していませんか。(注3)	はい	いいえ	○　認定書の写しなど
	相続開始の時から申告期限まで	○　特定事業用資産に係る事業を引き継ぎ、引き続きその特定事業用資産の全てを有し、かつ、自己の事業の用に供していますか。	はい	いいえ	○　登記事項証明書、青色申告決算書など

項目			確認内容（適用要件）	確認結果		確認の基となる資料
後継者（相続人等）	申告期限まで		① 都道府県知事の円滑化法の認定を受けていますか。(注4)	はい	いいえ	○ 認定書の写し
			② 中小事業者ですか	はい	いいえ	○ 認定書の写し
			③ その事業について開業の届出書を提出していますか。	はい	いいえ	○ 開業の届出書
			④ その事業について青色申告の承認を受けている又は承認を受ける見込みですか。(注5)	はい	いいえ	○ 青色申告承認申請書
			⑤ 被相続人から相続等により財産を取得した者が、租税特別措置法第69条の4第3項第1号に規定する特定事業用宅地等について同条第1項の規定の適用を受けていませんか。	はい	いいえ	○ 相続税の申告書第11・11の2表の付表1など
			⑥ 円滑化省令第17条第1項の確認（同項第3号に係るものに限り、円滑化省令第18条第7項の規定による変更の確認を受けたときは、その変更後のもの）を受けていますか。(注4)	はい	いいえ	○ 確認書の写し
特定事業用資産	相続開始の直前	共通	① 次の区分に応じ、それぞれの日の属する年の前年分の事業所得に係る青色申告書の貸借対照表に計上されている資産ですか。 イ 被相続人が1面の(1)に該当する場合その被相続人の相続開始の日 ロ 被相続人が1面の(2)に該当する場合特定事業用資産に係る事業を行っていた者に係るこの特例の適用に係る相続開始の日又は「個人の事業用資産についての贈与税の納税猶予及び免除」の適用に係る贈与の日	はい	いいえ	○ 青色申告決算書
			② 特定事業用資産に係る事業は、不動産貸付業、駐車場業及び自転車駐車場業に該当しませんか。	はい	いいえ	○ 青色申告決算書

150

特定事業用資産			はい	いいえ	
相続開始の直前	宅地等	① 土地又は土地の上に存する権利で、一定の建物又は構築物の敷地の用に供されていますか。（注6） ② 被相続人の事業の用に供されていた宅地等のうち棚卸資産に該当しない宅地等ですか。（注7）	はい	いいえ	○ 青色申告決算書、登記事項証明書など ○ 青色申告決算書、登記事項証明書など
	建物	○ 被相続人の事業の用に供されていた建物のうち棚卸資産に該当しない建物ですか。（注7）	はい	いいえ	○ 青色申告決算書、登記事項証明書など
	減価償却資産	○ 固定資産税の課税対象とされる資産など、租税特別措置法第70条の6の8第2項第1号ハに定める一定の減価償却資産に該当しますか。（注8）	はい	いいえ	○ 固定資産税の通知書の写しなど

（注）

1　「特定事業用資産に係る事業」には、その事業と同種又は類似の事業に係る業務や、その事業に必要な知識及び技能を習得するための高等学校、大学、高等専門学校その他の教育訓練機関における修学等に当たっては、「業務の具体的内容等」の記載に当たっては、事業内容等を記載します。

2　「イの取得の日」は、後継者が、その事業に係る特定事業用資産について、最初に「個人の事業用資産についての贈与税の納税猶予及び免除」の適用を受けている場合には、その適用を受ける贈与に係る取得の日となります。

3　「資産保有型事業」とは、租税特別措置法第70条の6の8第2項第4号に規定する事業をいい、「資産運用型事業」とは、同法第70条の6の8第2項第5号に規定する事業をいいます。準用する同法第70条の6の8第2項第4号及び第5号において準用する同法第70条の6の10第2項第4号において準用する同法第70条の6の8第2項第5号に規定する事業をいい、同法第70条の6の8第2項第5号において準用する同条第2条第5項に規定する性風俗関連特殊営業をいいます。

4　「円滑化法」とは、中小企業における経営の承継の円滑化に関する法律をいいます。また、「円滑化省令」とは、中小企業における経営の承継の円滑化に関する法律施行規則をいいます。

5　所得税法第147条の規定により承認があったものとみなされる場合の承認を含みます。

6　「一定の建物又は構築物」とは、租税特別措置法施行規則第23条の8の9第2項において準用する同令第23条の8の8第1項に規定する建物又は構築物をいいます。

7　被相続人が1面の①の12の場合、特定事業用資産に係る事業を行っていた被相続人又は被相続人から相続若しくは遺贈により取得した部分に限ります。また、事業の用以外の用に供されていた部分があるときは、事業の用に供されていた部分に限ります。

8　特定事業用資産の対象となる一定の減価償却資産には、固定資産税の課税対象とされるもの、自動車税又は軽自動車税において標準税率が適用されるもの、その他の一定のもの（貨物運送用自動車、乳牛・果樹等の生物、特許権等の無形固定資産）が該当します。

（はじめにお読みください。）
1　このチェックシートは、「個人の事業用資産についての相続税の納税猶予及び免除」（租税特別措置法第 70 条の 6 の 10）の適用を受けるための提出書類を確認する際に使用してください。
2　このチェックシートは、申告書の作成に際して、この特例の適用を受ける者ごとに提出書類を確認の上、申告書に添付してご提出ください。
3　「個人の事業用資産の贈与者が死亡した場合の相続税の納税猶予及び免除」（租税特別措置法第 70 条の 6 の 10）の適用を受ける場合には、このチェックシートではなく、「個人の事業用資産の贈与者が死亡した場合の相続税の納税猶予及び免除」のチェックシートを使用してください。

相続人等（特例適用者）　　　　　　　　被相続人氏名：

住　　　所

氏　　　名

電話　　　（　　　　）

関与税理士	所在地		電話	
	氏名			

（注）担保提供書及び担保関係書類が別途必要となります。

	提出書類	チェック欄
1	**遺言書の写し又は遺産分割協議書の写し並びに相続人全員の印鑑証明書**（遺産分割協議書に押印したもの）	☐
2	円滑化省令第 7 条第 14 項の都道府県知事の**認定書**（円滑化省令第 6 条第 16 項第 8 号又は第 10 号の事由に係るものに限ります。）**の写し**及び円滑化省令第 7 条第 11 項（同条第 13 項において準用する場合を含みます。）の**申請書の写し**	☐
3	円滑化省令第 17 条第 5 項の都道府県知事の**確認書の写し**及び同条第 4 項の**申請書の写し**	☐

4	特定事業用資産の区分に応じそれぞれ次に定める書類 (1)　租税特別措置法第70条の６の10第２項第１号ハに掲げる資産（地方税法第341条第４号に規定する償却資産に限ります。）　その資産についての地方税法第393条の規定による通知に係る**通知書の写し**その他の書類（同法第341条第14号に規定する償却資産課税台帳に登録をされている次に掲げる事項が記載されたものに限ります。） 　イ　当該資産の所有者の住所及び氏名 　ロ　当該資産の所在、種類、数量及び価格	☐
	(2)　租税特別措置法第70条の６の10第２項第１号ハに定める資産（自動車に限ります。）並びに租税特別措置法施行規則第23条の８の８第２項第２号及び第３号に掲げる資産 　　道路運送車両法第58条第１項の規定により交付を受けた**自動車検査証**（相続の開始の日において効力を有するものに限ります。）**の写し**又は地方税法第20条の10の規定により交付を受けたこれらの資産に係る同条の**証明書の写し**その他の書類でこれらの資産が自動車税及び軽自動車税において営業用の標準税率が適用されていること又は租税特別措置法施行規則第23条の８の８第２項第２号若しくは第３号に掲げる資産に該当することを明らかにするもの	☐
	(3)　租税特別措置法施行規則第23条の８の８第２項第１号に掲げる資産（所得税法施行令第６条第９号ロ及びハに掲げる資産に限ります。） 　　当該資産が所在する敷地が耕作の用に供されていることを証する書類	
5	被相続人が60歳以上で死亡した場合には、後継者が相続開始の直前において特定事業用資産に係る租税特別措置法第70条の６の10第２項第２号ロに規定する事業に従事していた旨及びその事実の詳細を記載した書類 　※　「個人の事業用資産についての相続税の納税猶予及び免除」の適用要件チェックシートに当該事項について記載してください。	☐

事 業 用 資 産 納 税 猶 予 税 額 の 計 算 書

	被 相 続 人	
	特例事業相続人等	

この計算書は、特例事業相続人等に該当する人が個人の事業用資産についての相続税の納税猶予及び免除に係る納税猶予税額（事業用資産納税猶予税額）を算出するために使用します。

私は、第8の6表の付表1の「2 特定事業用資産の明細」又は第8の6表の付表2「2 特例受贈事業用資産の明細」若しくは第8の6表の付表2の2「2 特例受贈事業用資産である株式等の明細」に記載した資産のうち各欄の「特例の適用を受ける面積」欄等に係る特定事業用資産又は特例受贈事業用資産について「個人の事業用資産についての相続税の納税猶予及び免除（租税特別措置法第70条の6の10第1項）」の適用を受けます。

1 事業用資産納税猶予税額の基となる相続税の総額の計算

(1)「特定価額に基づく課税遺産総額」等の計算

①	特例事業相続人等の第8の6表の付表1・付表2（2の2）のA欄の合計額	円
②	特例事業相続人等に係る特定債務額（その者の第8の6表の付表4のB）	
③	特定価額（①−②）（1,000円未満切捨て）（赤字の場合は0）	,000
④	特例事業相続人等以外の相続人等の課税価格の合計額（その特例事業相続人等以外の者の第1表の⑥欄（又は第3表の⑥欄）の金額の合計）	,000
⑤	基礎控除額（第2表の④の金額）	,000,000
⑥	特定価額に基づく課税遺産総額（③＋④−⑤）	,000

(2)「特定価額に基づく相続税の総額」等の計算

⑦ 法定相続人の氏名	⑧ 法定相続分	特定価額に基づく相続税の総額の計算	
		⑨法定相続分に応ずる取得金額（⑥×⑧）	⑩相続税の総額の基礎となる税額（第2表の「速算表」で計算します。）
		円	円
		,000	
		,000	
		,000	
		,000	
		,000	
		,000	
法定相続分の合計	1	⑪相続税の総額（⑩の合計額）	00

(注) 1 ④欄の「第1表の⑥欄」の金額は、相続又は遺贈により財産を取得した人のうちに租税特別措置法第70条の6第1項の規定による農地等についての納税猶予及び免除等の適用を受ける人がいる場合は、「第3表の⑥欄」の金額となります。

2 ⑦及び⑧欄は第2表の「④法定相続人」の「氏名」欄及び「⑤左の法定相続人に応じた法定相続分」欄からそれぞれ転記します。

2 事業用資産納税猶予税額の計算

①	（特例事業相続人等の第1表の（⑱＋⑳−⑳）の金額	円
②	特定価額に基づく特例事業相続人等の算出税額（1の⑪×1の③/1の（③＋④））	
③	特定価額に基づき相続税額の2割加算が行われる場合の加算金額（②×20%）	
a	（②＋③−特例事業相続人等の第1表の⑫の金額（赤字の場合は0）	
b	特例事業相続人等の第1表の⑨欄に基づく算出税額（その人の第1表の（⑨（又は⑩）＋⑪−⑫）（赤字の場合は0）	
④	（①＋a−b）の金額（赤字の場合は0）	
⑤	**事業用資産納税猶予税額**（（a−④）の金額）（赤字の場合は0）(注2参照)	A ⏐ 00

(注) 1 bの算式中の「第1表の⑨」の金額について、相続又は遺贈により財産を取得した人のうちに租税特別措置法第70条の6第1項の規定による農地等についての納税猶予及び免除等の適用を受ける人がいる場合は、「第1表の⑩」の金額とします。

2 ⑤欄のA欄の金額を特例事業相続人等の第8の8表の「事業用資産納税猶予税額⑦」欄に転記します。なお、特例事業相続人等が他の相続税の納税猶予の適用を受ける場合は、⑤欄のA欄の金額によらず、第8の7表の⑳欄の金額を特例事業相続人等の第8の8表の「事業用資産納税猶予税額⑦」欄に転記します。

※税務署整理欄	入力		確認			

（資4−20−9−20−A4統一）

※の項目は記入する必要がありません。

個人の事業用資産についての相続税の納税猶予及び免除の適用を受ける特定事業用資産の明細書

	被相続人	
	特例事業相続人等	

この明細書は、相続又は遺贈により取得をした個人の事業用資産について「個人の事業用資産についての相続税の納税猶予及び免除」の適用を受ける特定事業用資産を記入します。

租税特別措置法第70条の6の9の規定により相続又は遺贈により取得したものとみなされた特例受贈事業用資産についてこの特例の適用を受ける場合には、この明細書によらず第8の6表の付表2又は第8の6表の付表2の2を使用してください。

第8の6表の付表1（平成31年1月分以降用）

1 特定事業用資産に係る事業

① 屋号		⑤ 個人事業承継計画の提出及び確認の状況	提出 年月日	年　月　日
② 業種名			確認 年月日	年　月　日
③ 特例事業相続人等の開業届出書提出年月日	年　月　日		確認 番号	
④ 特例事業相続人等の青色申告の承認申請書の提出年月日	年　月　日	⑥ 円滑化法の認定の状況	認定 年月日	年　月　日
			認定 番号	

(注) 1　特定事業用資産に係る事業が2以上ある場合の①欄及び②欄は、主たるものを記載します。
2　⑤欄は、中小企業における経営の承継の円滑化に関する法律施行規則第16条第3号に規定する個人事業承継計画に係る同令第17条第4項の申請書を都道府県知事に提出した日並びにその個人事業承継計画につき同条第1項3号の都道府県知事の確認を受けた日及び確認番号をそれぞれ記入します。
3　⑥欄は、中小企業における経営の承継の円滑化に関する法律施行規則第6条16項第8号又は第10号に掲げる事由に該当するものとして中小企業における経営の承継の円滑化に関する法律第12条第1項の都道府県知事の認定を受けた年月日及び認定番号をそれぞれ記入します。

2 特定事業用資産の明細

この欄には、被相続人等の事業の用に供されていた資産（相続開始日の前年分の事業所得に係る青色申告書（租税特別措置法第25条の2第3項の規定の適用に係るものに限ります。）の貸借対照表に計上されているものに限ります。）について記載してください。
この明細に記入しきれない場合は、適宜の用紙に記載し添付してください。

(1) 宅地等

① 所在地	② 面積	③ 価額	④ ②のうち、特例の適用を受ける面積	⑤ ④に係る価額
	㎡	円	㎡	円
⑥ 特例の適用を受ける宅地等の価額の合計額				イ

(2) 建物

① 所在地	② 面積	③ 価額	④ ②のうち、特例の適用を受ける面積	⑤ ④に係る価額
	㎡	円	㎡	円
⑥ 特例の適用を受ける建物の価額の合計額				ロ

(3) 減価償却資産

① 名称	② 所在地	③ 数量	④ 価額	⑤ ③のうち、特例の適用を受ける数量	⑥ ⑤に係る価額
			円		円
⑦ 特例の適用を受ける減価償却資産の価額の合計額					ハ

(注) 1　①③、②②及び③④の「価額」欄の金額は、相続開始の時における価額を記入します。
2　③欄の個人の事業用資産の納税猶予及び免除の対象となり得る宅地等を被相続人から相続又は遺贈（以下「相続等」といいます。）により取得した者が1人でない場合、又はその対象となり得る建物を被相続人から相続等により取得した者が1人でない場合については、第8の6表の付表3等に「特例の適用に当たっての同意」を記入してください。
3　①④及び②④の面積については、第8の6表の付表3により限度面積の判定を行ってください。

3 最初の特例の適用に関する事項

※の項目は、記入する必要がありません。

この欄は、特例事業相続人等が、その相続前に贈与又は相続等により取得した上記2の特定事業用資産に係る事業の用に供されていた資産について、「個人の事業用資産についての贈与税の納税猶予及び免除（租税特別措置法第70条の6の8）」又は「個人の事業用資産についての相続税の納税猶予及び免除（租税特別措置法第70条の6の10）」の規定の適用を受けている場合又は受けようとしている場合において、最初のその贈与又は相続等によるその個人の事業用資産の取得に関する事項等について記入します。

① 取得の原因	② 取得年月日	③ 申告した税務署名	④ 贈与者又は被相続人の氏名
贈与・相続等	年　月　日		

(注) 1　①欄は、取得の原因を丸で囲んでください。
2　上記2の特定事業用資産に係る事業の用に供されていた資産に係る最初の贈与又は相続等による取得について、個人の事業用資産についての贈与税の納税猶予及び免除等の適用を受け、又は受けようとする贈与又は相続税の申告書の提出先の税務署名を記入してください。なお、上記2の特定事業用資産に係る事業の用に供されていた資産に係る最初の贈与又は相続等による贈与者又は被相続人の氏名を記入してください。

4 特例事業用資産の価額 (イ+ロ+ハ)

	A	円

A欄の金額を第8の6表の「1　事業用資産納税猶予税額の基となる相続税の総額の計算」の①欄に転記します。
なお、第8の6表の付表1のほか、第8の6表の付表2又は第8表の6の付表2の2の作成がある場合には、各付表のA欄の合計額を第8の6表の「1　事業用資産納税猶予税額の基となる相続税の総額の計算」の①欄に記入します。

※税務署整理欄	入力		確認	

第8の6表の付表1 (令元. 7)

(資4－20－9－21－A4統一)

155

個人の事業用資産についての相続税の納税猶予及び免除の適用に係る宅地等及び建物の明細書

被相続人 [　　　　　]

1　特例の適用に当たっての同意

この欄は、「個人の事業用資産についての相続税の納税猶予及び免除」の対象となり得る宅地等を被相続人から相続又は遺贈（以下「相続等」といいます。）により取得した者が1人でない場合、又はその対象となり得る建物を被相続人から相続等により取得した者が1人でない場合に記入します。

その他、この欄の記載については、裏面の「書きかた等」を参照してください。

私たちは、下記2(3)又は3(2)の特例事業相続人等が、この特例の適用を受けるものとして選択した2(3)の宅地等又は3(2)の建物について、この特例の適用を受けることに同意します。

(1)　宅地等について		(2)　建物について	
氏名		氏名	

2　この特例の適用を受ける宅地等に係る限度面積の判定

この表は、この特例の適用を受けるものとして「第8の6表の付表1」又は「第8の6表の付表2」若しくは「第8の6表の付表2の2」に記載した宅地等について、限度面積を判定する場合に使用します。2(2)及び3(2)の宅地等の明細に記入しきれない場合は、適宜の用紙に記載し添付してください。

限度面積の判定（(2)④及び3(2)の結果が「否」となる場合、この特例を受けることはできません。

(1)　小規模宅地等の特例の適用を受ける面積

a　特定居住用宅地等（第11・11の2表の付表1⑩）①の面積	b　特定同族会社事業用宅地等（第11・11の2表の付表1⑩）③の面積	c　貸付事業用宅地等（第11・11の2表の付表1⑩④）の面積	d　小規模宅地等の特例適用面積
㎡	㎡	㎡	・c=0の場合：b ・c>0の場合：2×（a×$\frac{200}{330}$+b×$\frac{200}{400}$+c） ロ　　　　　㎡

(2)　特例受贈事業用資産である宅地等に係る限度面積の判定

①　贈与税の申告書に記載された特例受贈事業用資産である宅地等に係る限度面積の判定				②　左記のうち、特例の適用を受ける宅地等の面積（注2）
a　特例事業相続人等の氏名	b　贈与税の申告書に記載された宅地等の明細（注1）			
	所在地		面積	
			㎡	㎡
	合　　計		ロ　　㎡	ハ　　㎡
③	②の宅地等に係る限度面積（400㎡−(1)イ）			ニ　　㎡
④	判定（ニ≧ハ）			適　・　否

(注)　1　①b欄については、各特例事業相続人等に係る「第8の6表の付表2」の2①b及び「第8の6表の付表2の2」の3①bの所在地及び面積を記載してください。
　　　2　②欄については、①b欄に記載した特例受贈事業用資産である宅地等の面積のうち、特例の適用を受ける宅地等の面積の合計が「ニ」の限度面積の範囲内となるよう選択をした宅地等の面積を記載してください。

(3)　相続等により取得した特定事業用資産である宅地等に係る限度面積の判定

①　相続等により取得した特定事業用資産である宅地等の明細					
特例事業相続人等の氏名	所在地	面積	特例事業相続人等の氏名	所在地	面積
		㎡			㎡
			合　　計		ホ　　㎡

(注)　「面積」は、各特例事業相続人等に係る「第8の6表の付表1」の2(1)④の面積を記載してください。

②	①の宅地等に係る限度面積の判定	a　限度面積（400㎡−(1)イ−(2)口）	b　①の宅地等の面積の合計（(3)①ホ）	c　判定（a≧b）
		㎡	㎡	適　・　否

3　この特例の適用を受ける建物に係る限度面積の判定

この表は、この特例の適用を受けるものとして「第8の6表の付表1」又は「第8の6表の付表2」若しくは「第8の6表の付表2の2」に記載した建物について、限度面積を判定する場合に使用します。3(1)及び(2)の建物の明細に記入しきれない場合は、適宜の用紙に記載し添付してください。

(1)　特例受贈事業用資産である建物の明細

特例事業相続人等の氏名	所在地	面積	特例事業相続人等の氏名	所在地	面積
		㎡			㎡
			合　　計		イ　　㎡

(注)　「所在地」及び「面積」は、各特例事業相続人等に係る「第8の6表の付表2」の2②b及び「第8の6表の付表2の2」の3②bの面積を記載してください。

(2)　相続等により取得した特定事業用資産である建物の明細

限度面積の判定（c）の結果が「否」となる場合、この特例を受けることはできません。

特例事業相続人等の氏名	所在地	面積	特例事業相続人等の氏名	所在地	面積
		㎡			㎡
			合　　計		ロ　　㎡

(注)　「所在地」及び「面積」は、各特例事業相続人等に係る「第8の6表の付表1」の2(2)④の面積を記載してください。

(2)の建物に係る限度面積の判定	a　限度面積（800㎡−(1)イ）	b　(2)の建物の面積（(2)口）	c　判定（a≧b）
	㎡	㎡	適　・　否

※税務署整理欄	入力		確認	

第8の6表の付表3（令元.7）

（資4−20−9−24−A4統一）

156

個人の事業用資産についての相続税の納税猶予及び免除の適用に係る特定債務額の計算明細書

被 相 続 人	

第8の6表の付表4（平成31年1月分以降用）

この明細書は、「個人の事業用資産についての相続税の納税猶予及び免除」の規定の適用を受ける特例事業相続人等が相続税法第13条の規定により控除すべき債務がある場合において、各特例事業相続人等に係る特定債務額を算出するために使用します。

(注)1　2欄の「特例事業用資産に係る事業に関するものと認められるもの以外の債務の金額の明細」に記載する債務は、当該事業に関するもの以外のものであることについて、金銭の貸付に係る消費貸借に関する契約書等の書面により、明らかにされるものに限られますので、当該書面の写しを併せて提出してください。
　また、この明細に記入しきれない場合は、適宜の用紙に記載し添付してください。
　　2　4欄の「第1表の（①＋②）」の金額は、特例事業相続人等が租税特別措置法第70条の6第1項の規定による農地等についての納税猶予及び免除等の適用を受ける場合は、「第3表の①欄」の金額となります。
　　3　各特例事業相続人等に係る特定債務額（7欄のBの金額）は、その特例事業相続人等に係る第8の6表の1(1)の「②　特定債務額」欄に転記します。

特例事業相続人等の氏名				
1　その者に係る債務及び葬式費用の合計額（その者の第13表の3⑦欄の金額）				円
2　1のうち、特例事業用資産に係る事業に関するものと認められるもの以外の債務の金額の明細				

種類	細目	債権者の氏名又は名称	債務の使途	金額
葬式費用	葬式費用	—	—	円
		合計額		A

3　事業関連債務の金額（1－A）	
4　その者が相続又は遺贈により取得した財産の価額（その者の第1表の（①＋②）（又は第3表の①欄）の金額	
5　その者に係る特例事業用資産の価額（その者の第8の6表の付表1・付表2（2の2）のA欄の合計額）	
6　A－（4－5）（赤字の場合は0）	
7　特定債務額（3＋6）	B

特例事業相続人等の氏名				
1　その者に係る債務及び葬式費用の合計額（その者の第13表の3⑦欄の金額）				円
2　1のうち、特例事業用資産に係る事業に関するものと認められるもの以外の債務の金額の明細				

種類	細目	債権者の氏名又は名称	債務の使途	金額
葬式費用	葬式費用			円
		合計額		A

3　事業関連債務の金額（1－A）	
4　その者が相続又は遺贈により取得した財産の価額（その者の第1表の（①＋②）（又は第3表の①欄）の金額	
5　その者に係る特例事業用資産の価額（その者の第8の6表の付表1・付表2（2の2）のA欄の合計額）	
6　A－（4－5）（赤字の場合は0）	
7　特定債務額（3＋6）	B

特例事業相続人等の氏名				
1　その者に係る債務及び葬式費用の合計額（その者の第13表の3⑦欄の金額）				円
2　1のうち、特例事業用資産に係る事業に関するものと認められるもの以外の債務の金額の明細				

種類	細目	債権者の氏名又は名称	債務の使途	金額
葬式費用	葬式費用			円
		合計額		A

3　事業関連債務の金額（1－A）	
4　その者が相続又は遺贈により取得した財産の価額（その者の第1表の（①＋②）（又は第3表の①欄）の金額	
5　その者に係る特例事業用資産の価額（その者の第8の6表の付表1・付表2（2の2）のA欄の合計額）	
6　A－（4－5）（赤字の場合は0）	
7　特定債務額（3＋6）	B

※の項目は記入する必要がありません。

※税務署整理欄	入力		確認		

第8の6表の付表4（令元. 7）　　　　　　　　　　　　　　　　　　　　　　　　　（資4－20－9－25－A4統一）

納税猶予税額等の調整計算書

被相続人	相続人 等
	相続人

この計算書は、次の相続税の特例のうち2以上の特例の適用を受ける場合（以下この表において、「相続人等に係る……）に使用します。

（注） ⑨欄の金額が⑧欄の金額を超える場合（⑧＞⑨）は、「2 各納税猶予税額等の調整」欄の「2 各納税猶予税額等は、「2 各納税猶予税額等の調整」欄を記入しません。

1 調整前税額等の明細

この明細は、相続人等に係る農地等納税猶予税額、株式等納税猶予税額、特例株式等納税猶予税額、山林納税猶予税額、医療法人持分納税猶予税額若しくは医業継続に係る……

①	調整前農地等納税猶予税額（相続人等の第8表の2の②の金額）					円
②	調整前株式等納税猶予税額（相続人等の第8表の2の2のＡの金額）					0 0
③	調整前特例株式等納税猶予税額（相続人等の第8表の3の2のＡの金額）					0 0
④	調整前山林納税猶予税額（相続人等の第8表の4の②の金額）					0 0
⑤	調整前医療法人持分納税猶予税額（相続人等の第8表の5の②のＡの金額）					0 0
⑥	調整前医業継続納税猶予税額（相続人等の第8表の6の①の金額の……Ａ）					0 0
⑦	調整前事業用資産納税猶予税額（相続人等の第8表の6の6の②のＡ）					0 0
⑧	計（①＋②＋③＋④＋⑤＋⑥＋⑦）					0 0
⑨	第7表の税額控除額（相続人等の第1表の⑨の金額）（100円未満切捨て）					0 0

2 各納税猶予税額等の調整

この明細は、1の⑧欄の金額が1の⑨欄の金額を超える場合（⑧＞⑨）の場合において、納税猶予税額等の調整の計算をするときに記入します。

⑩	調整農地等納税猶予税額 ⑧×①／⑧ （100円未満切捨て）					円
⑪	調整株式等納税猶予税額 ⑧×②／⑧ （100円未満切捨て）					0 0
⑫	調整特例株式等納税猶予税額 ⑧×③／⑧ （100円未満切捨て）					0 0
⑬	調整山林納税猶予税額 ⑧×④／⑧ （100円未満切捨て）					0 0
⑭	調整医療法人持分納税猶予税額 ⑧×⑤／⑧ （100円未満切捨て）					0 0

3 納税猶予税額等

⑮	農地等納税猶予税額 ⑩の金額……（2において調整の計算を受けた場合……）					A（表の⑪表の③）
⑯	株式等納税猶予税額 ⑪の金額……（2において調整の計算を受けた場合……）					B（第2表の③）
⑰	特例株式等納税猶予税額 ⑫の金額……（2において調整の計算を受けた場合……）					A（第2表の②）
⑱	山林納税猶予税額 ⑬の金額……（2において調整の計算を受けた場合……）					B（第2表の②）
⑲	医療法人持分納税猶予税額					医療法人持分納税猶予税額（第8の4表の⑪の金額）を転記します。
⑳	医業継続納税猶予税額					医療法人持分納税猶予税額（第8の4表の⑪の金額）を転記します。
㉑	実用資産納税猶予税額 ⑭の金額……（2において調整の計算を受けた場合……）					0 0

第8の7表（令元.7）　　（資4-20-9-A4統一）

納税猶予税額の内訳書

FD3571

被相続人

（単位は円）

第8の8表（平成31年1月分以降用）

　この内訳書は、次の相続税の特例の適用を受ける人が第1表の「納税猶予税額㉓」欄に記載する金額の計算のために使用します。
1　農地等についての納税猶予及び免除等（租税特別措置法第70条の6第1項）
2　非上場株式等についての納税猶予及び免除（租税特別措置法第70条の7の2第1項又は第70条の7の4第1項）
3　非上場株式等についての納税猶予及び免除の特例（租税特別措置法第70条の7の6第1項又は第70条の7の8第1項）
4　山林についての納税猶予及び免除（租税特別措置法第70条の6の6第1項）
5　医療法人の持分についての納税猶予及び免除（租税特別措置法第70条の7の12第1項）
6　特定の美術品についての納税猶予及び免除（租税特別措置法第70条の6の7第1項）
7　個人の事業用資産についての納税猶予及び免除（租税特別措置法第70条の6の10第1項）

※　整　理　番　号	（氏　名）	（氏　名）
農地等納税猶予税額（第8表2⑦）①		
株式等納税猶予税額（第8の2表2A）②		
特例株式等納税猶予税額（第8の2の2表2A）③		
山林納税猶予税額（第8の3表2⑧）④		
医療法人持分納税猶予税額（第8の4表2A）⑤		
美術品納税猶予税額（第8の5表2A）⑥		
事業用資産納税猶予税額（第8の6表2A）⑦		
合　　　計（①+②+③+④+⑤+⑥+⑦）⑧		

※　整　理　番　号	（氏　名）	（氏　名）
農地等納税猶予税額（第8表2⑦）①		
株式等納税猶予税額（第8の2表2A）②		
特例株式等納税猶予税額（第8の2の2表2A）③		
山林納税猶予税額（第8の3表2⑧）④		
医療法人持分納税猶予税額（第8の4表2A）⑤		
美術品納税猶予税額（第8の5表2A）⑥		
事業用資産納税猶予税額（第8の6表2A）⑦		
合　　　計（①+②+③+④+⑤+⑥+⑦）⑧		

（注）1　上記1～7の特例又は医療法人の持分についての相続税の税額控除（租税特別措置法第70条の7の13第1項）のうち2以上の特例の適用を受ける人がいる場合は、その人の①～⑦欄には、第8の7表の「3　納税猶予税額等」のうち①～⑦欄に対応する欄の金額を転記します。
　　　2　各人の⑧欄の金額を第1表のその人の「納税猶予税額㉓」欄に転記します。

※税務署整理欄	申告区分	年分	名簿番号	申告年月日		グループ番号

第6章

個人の事業用資産の贈与者が
死亡した場合の相続税の
課税の特例

1 贈与者の死亡に伴うみなし相続と相続税の納税猶予

　贈与税の納税猶予を受けている特例事業受贈者（個人事業承継者・後継者）の贈与者が死亡した場合（その死亡の日前に猶予中贈与税額に相当する贈与税の全部につき納税の猶予に係る期限が確定した場合並びにその死亡の時以前に特例事業受贈者が死亡した場合及び一定の障害等に該当したことにより猶予中贈与税額の全額が免除されている場合を除きます。）には、猶予されている贈与税の全額が免除されます（措法70の6の8⑭）。

　しかし、特例を受けている特例受贈事業用資産については、特例事業受贈者が贈与者から相続（特例事業受贈者が贈与者の相続人以外の者である場合には、遺贈）により取得したものとみなされ、相続税の課税対象とされます。なお、相続税の計算は、特例受贈事業用資産の価額について、特例適用を受けた贈与の時の価額（贈与時に贈与者から特例受贈事業用資産の贈与とともに特例受贈事業用資産に係る債務を引き受けていた場合にあっては、特例受贈事業用資産の価額からその債務の金額を控除した価額）を基礎に計算されることになります（措法70の6の9①）。

　ところで、特例受贈事業用資産に係る相続税については、相続税の納税猶予の適用（措法70の6の10）を受けることができます[注]が、その前提として、経営承継円滑化法による「経営承継贈与者の相続が開始した場合の都道府県知事の確認（切替確認）」を受けなければなりません。

　（注）　贈与税の納税猶予（措法70の6の8）の適用を受けている場合には、贈与者の相続開始の日が特例の適用期限後の令和11年1月1日以降であっても、切替確認を受ければ、相続税の納税猶予（措法70の6の10）の適用を

　受けることができます。

　なお、相続税では、一定の要件を満たせば、納税者の申請により物納を選択することができることとされています（相法41①、48の2⑥）が、相続等により取得したものとみなされた特例受贈事業用資産については、物納財産に充てることができないとされています（措法70の6の9③）。

2 相続税の納税猶予の対象とされる特例受贈事業用資産

　前ページ **1** により、切替確認を受けた場合に、相続税の納税猶予の対象とされる特例受贈事業用資産は、贈与者の相続開始の時において贈与税の納税猶予の対象となっているものに限られます。

3　相続税の納税猶予を受けるための要件

　相続税の納税猶予を受けるためには、都道府県知事に切替確認申請を行い、確認を受け、かつ、相続税の申告をする必要があります。

⑴　切替確認と相続税申告

　贈与税の納税猶予を受けている特例事業受贈者（個人事業承継者・後継者）は、その贈与者の相続開始によって、特例受贈事業用資産を相続又は遺贈により取得したものとみなされ相続税が課税されます。この相続税については、相続税の納税猶予の適用を受けることができます（措法70の6の9）。しかし、その前提として経営承継円滑化法による「切替確認（経営承継贈与者の相続が開始した場合の都道府県知事の確認）」を受けなければなりません。

　切替確認とは、贈与税の納税猶予を受けている特例事業受贈者が、過去に贈与認定個人事業者であった場合（認定の取消しをされた者を除く。）又は現に贈与認定個人事業者である場合で、贈与者の相続が開始したときに次の⑵に掲げる要件のいずれにも該当していることについて都道府県知事の確認を受けることを指します。

　切替確認を受けることにより、特例受贈事業用資産に対する相続税は納税猶予の適用が受けられますが、相続が開始した贈与者の相続税の申告期限までに、相続税の納税猶予の適用を受ける旨を記載した相続税の申告書に、確認書を添付して納税地の所轄税務署長に提出しなければなりません。

⑵　切替確認を受けるための要件

　切替確認を受けるための要件は次のとおりとなります。なお、確認を受けるための申請書の提出は、贈与者の相続開始の日の翌日から8月を

165

経過する日までに行わなければなりません。

① 切替確認を受けるための要件

イ	相続開始時に特定事業用資産に係る事業が資産保有型事業に該当しないこと。
ロ	相続開始日の前年に特定事業用資産に係る事業が資産運用型事業に該当しないこと。
ハ	相続開始時に特定事業用資産に係る事業が性風俗関連特殊営業に該当しないこと。
ニ	相続開始日の前年に特定事業用資産に係る事業の総収入金額が零を超えること。
ホ	相続開始時に、贈与認定個人事業者等が青色申告の承認を受けていること又は受ける見込みであること。

〈参考〉切替確認を受け、贈与税から相続税の納税猶予へ移行

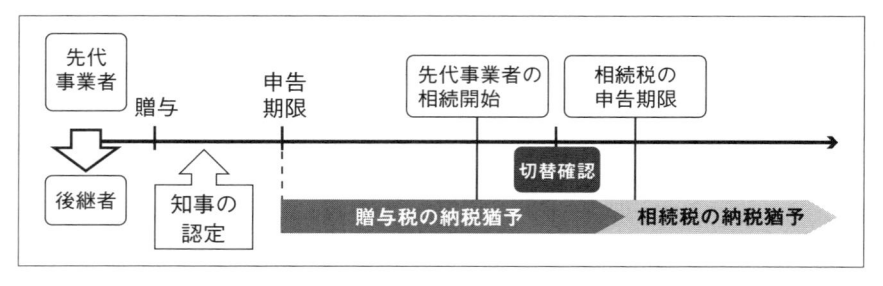

出典：経済産業省・中小企業庁「－経営承継円滑化法－ 【個人版事業承継税制の前提となる経営承継円滑化法の認定申請マニュアル】2019年4月施行」より

② 法人成り後、切替確認を受ける場合

特例事業受贈者（個人事業承継者・後継者）が特定申告期限の翌日から5年を経過する日後に、会社の設立に伴う現物出資により特例受贈事

業用資産の全てを移転し、その移転につき税務署長の承認（措法70の6の8⑥）を受けた場合において、その贈与者の相続が開始したときは、現物出資に係る会社が、切替確認を受けることがでます。その場合は以下の要件を満たさなければなりません。

イ	「特定申告期限の翌日から5年経過後の会社設立に伴う現物出資による特例事業用資産の移転特例（措法70の6の8⑥）」の承認を受けていること。
ロ	相続開始日の属する事業年度の直前事業年度に、会社の総収入金額が零を超えること。
ハ	相続開始時に、会社が資産保有型会社に該当しないこと。
ニ	相続開始日の属する事業年度の直前事業年度に、会社が資産運用型会社に該当しないこと。
ホ	相続開始時に、会社が風俗営業会社に該当しないこと。

(3)　猶予継続贈与（免除対象贈与）を行った場合の取扱い

　猶予継続贈与とは、贈与税の納税猶予（措法70の6の8）の適用を受けている個人事業承継者（2代目）が、特定申告期限（最初の贈与税の納税猶予に係る贈与の申告期限）の翌日から5年を経過する日後に、特例受贈事業用資産を次の個人事業承継者（3代目）に贈与し、その者が贈与税の納税猶予の適用を受ける場合におけるその贈与をいいます。2代目が1代目の生きているうちに、次の後継者である3代目に猶予継続贈与を行った場合で、1代目に相続が発生したときは、3代目が特例受贈事業用資産を相続又は遺贈により1代目から取得したものとみなして相続税を計算するため、その場合は3代目が切替確認の手続きを行う必要があります。

⑷ 切替確認を受けない場合

　贈与者の相続が発生した場合で都道府県知事の切替確認を受けないときは、相続又は遺贈により取得したとみなされる特例受贈事業用資産について、相続税の納税猶予の適用を受けることはできません。

様式第17の2

施行規則第13条第7項の規定による確認申請書
（切替確認書）

年　　月　　日

都道府県知事　殿

郵 便 番 号
住　　　所
電 話 番 号
氏　　　名　　　　　印

　中小企業における経営の承継の円滑化に関する法律施行規則第13条第6項（当該規定が準用される場合を含む。）の規定により、以下の確認を受けたいので、下記のとおり申請します。

記

1　申請者の種別について

申請者の種別	□第一種贈与認定個人事業者等 □第二種贈与認定個人事業者等
認定年月日及び番号	年　　月　　日（　　　号）

2　当該贈与認定個人事業者等について

氏名	
住所	
先代事業者の相続の開始の直前における 先代事業者との関係	□直系卑属　□直系卑属以外の親族 □親族外
主たる事業内容	
先代事業者の相続の開始の日	年　　月　　日
当該相続の開始の日の常時使用する 従業員数	人

169

先代事業者の相続の開始の日の翌日の属する年の前年における特定個人事業資産等に係る明細表

種別		内容	利用状況	帳簿価額	運用収入
有価証券				(1) 円	(10) 円
不動産	現に自ら使用しているもの			(2) 円	(11) 円
	現に自ら使用していないもの			(3) 円	(12) 円
ゴルフ場その他の施設の利用に関する権利	販売することを目的として有するもの			(4) 円	(13) 円
	販売することを目的としないで有するもの			(5) 円	(14) 円
絵画、彫刻、工芸品その他の有形の文化的所産である動産、貴金属及び宝石	販売することを目的として有するもの			(6) 円	(15) 円
	販売することを目的としないで有するもの			(7) 円	(16) 円
現金、預貯金等	現金及び預貯金その他これらに類する資産			(8) 円	(17) 円
	贈与認定個人事業者等及び特別関係者に対する貸付金及び未収金その他これらに類する資産			(9) 円	(18) 円
特定個人事業資産の帳簿価額の合計額	(19) = (1) + (3) + (5) + (7) + (8) + (9) 円		特定個人事業資産の運用収入の合計額	(21) = (10) + (12) + (14) + (16) + (17) + (18) 円	
資産の帳簿価額の総額	(20) 円		総収入金額	(22) 円	

施行規則第1条第26項第3号に規定する必要経費不算入対価等		必要経費不算入となる対価又は給与	⒇
			円
特定個人事業資産の帳簿価額等の合計額が資産の帳簿価額等の総額に対する割合	⒇＝((19)＋⒇)／(20)＋⒇)	特定個人事業資産の運用収入の合計額が総収入金額に占める割合	⒇＝(21)／(22)
	％		％

3　やむを得ない事由により資産保有型事業又は資産運用型事業に該当した場合

該当した日	年　　　月　　　日
その事由	
解消見込時期	年　　　月頃

(備考)
① 　用紙の大きさは、日本工業規格A4とする。
② 　記名押印については、署名をする場合、押印を省略することができる。
③ 　本様式における第一種贈与認定個人事業者等に係る規定は、第二種贈与認定個人事業者等について準用する。なお、本様式において「贈与認定個人事業者等」とある場合は、報告者の種別に合わせてそれぞれ対応する語句に読み替えるものとする。
④ 　報告書の写し及び施行規則第13条第7項各号（当該規定が準用される場合を含む。）に掲げる書類を添付する。

(記載要領)
① 　単位が「％」の欄は小数点第1位までの値を記載する。
② 　「先代事業者の相続の開始の日」については、贈与認定個人事業者が有する特定事業用資産を法第12条第1項の認定に係る贈与をした先代事業者のうち最も古い時期に当該贈与認定個人事業者が有する特定事業用資産を法第12条第1項の認定に係る受贈をした者に、贈与をした者の相続の開始の日を記載する。
③ 　「先代事業者の相続の開始の日の翌日の属する年の直前の年末以前の1年間における特定個人事業資産等に係る明細表」については、申請者の随時報告基準日の属する年の前年における特定事業用資産の事業所得に係る青色申告書の貸借対照表に計上されている資産の金額を記載する。
④ 　「特定個人事業資産等」又は「運用収入」については、該当するものが複数ある

場合には同様の欄を追加して記載する。
⑤　「施行規則第 1 条第 26 項第 3 号に規定する必要経費不算入対価等」については、申請者の特定事業用資産に係る事業に従事したことその他の事由により特別関係者（同条第 25 項に掲げる者をいう。）が当該申請者から支払いを受けた対価又は給与のうち、所得税法第 56 条又は第 57 条の規定により、申請者の事業所得の計算上損金の額に算入されるもの以外の額を記載する。
⑥　「やむを得ない事由により資産保有型事業又は資産運用型事業に該当した場合」については、その該当した日、その理由及び解消見込時期を記載する。

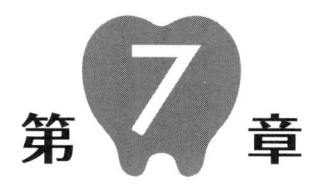

第7章

小規模宅地等の評価減特例と個人版事業承継税制

1 小規模宅地等の評価減特例の概要

　個人が相続又は遺贈により取得した財産のうち、相続の開始直前において被相続人等の事業の用又は居住の用に供されていた宅地等で、**2**に掲げる限度面積までの部分の選択をしたものについては、相続税の課税価格の計算上、一定の割合を減額することができます。この特例を「小規模宅地等の評価減特例（措法69の4）」といいます。なお、相続開始前3年以内の贈与や、相続時精算課税に係る贈与により取得した宅地等については、この特例の適用を受けることはできません。

　（注1）　被相続人等とは、被相続人又は被相続人と生計を一にしていた被相続人の親族をいいます（以下同じです。）。

　（注2）　宅地等とは、土地又は土地の上に存する権利で、一定の建物又は構築物の敷地の用に供されているものをいいます。ただし、棚卸資産に該当するものを除きます。

2 限度面積と減額割合

(1) 限度面積と減額割合

小規模宅地等の評価減特例の限度面積と減額割合は次のとおりとなります（措法 69 の 4 ）。

用途	区分	限度面積	減額割合
事業用	特定事業用宅地等	400㎡	80%
貸付事業用	特定同族会社 事業用宅地等	400㎡	80%
	貸付事業用宅地等	200㎡	50%
居住用	特定居住用宅地等	330㎡	80%

（出典）国税庁ホームページ「個人の事業用資産についての贈与税・相続税の
納税猶予・免除（個人版事業承継税制）のあらまし」より

(2) 特定事業用宅地等

特定事業用宅地等とは、相続開始の直前において被相続人等の事業（貸付事業を除きます。）の用に供されていた宅地等で、次の表の区分に応じ、それぞれに掲げる要件の全てを満たす被相続人の親族が相続又は遺贈により取得した宅地等をいいます（措法 69 の 4 ③一）。

なお、平成 31 年度税制改正により、平成 31 年 4 月 1 日以後、特定事業用宅地等の範囲から、相続開始前 3 年以内に事業の用に供された宅地等（その宅地等の上で事業の用に供されている減価償却資産の価額が、宅地等の相続時の価額の 15% 以上である場合を除きます。）が除かれる改正がされました（措法 69 の 4 ③一、措令 40 の 2 ⑧）。

【図表 1】 特定事業用宅地等の要件

区分	特例の適用要件	
被相続人の事業の用に供されていた宅地等	事業承継要件	その宅地等の上で営まれていた被相続人の事業を相続税の申告期限までに引き継ぎ、かつ、その申告期限までその事業を営んでいること。
	保有継続要件	その宅地等を相続税の申告期限まで有していること。
被相続人と生計を一にしていた被相続人の親族の事業の用に供されていた宅地等	事業継続要件	相続開始の直前から相続税の申告期限まで、その宅地等の上で事業を営んでいること。
	保有継続要件	その宅地等を相続税の申告期限まで有していること。

（出典）　国税庁ホームページより

（注）　平成 31 年 4 月 1 日以後、相続開始前 3 年以内に事業の用に供された宅地等
　　　（その宅地等の上で事業の用に供されている減価償却資産の価額が、宅地等の
　　　相続時の価額の 15％以上である場合を除く。）については特定事業用宅地等の
　　　範囲から除外される。

3 小規模宅地等の評価減特例と個人版事業承継税制

　被相続人（先代事業者）に係る相続又は遺贈により、相続人等が宅地等を取得した場合で、小規模宅地等の評価減特例の適用を選択する場合には、図表2のとおり、その区分に応じて個人版事業承継税制の適用が制限されることになります（措法70の6の10②一イ・②二、措令40の7の10⑦、措通70の6の10-17）。

【図表2】小規模宅地等の評価減特例と個人版事業承継税制との関連

	適用を受ける小規模宅地等の区分	個人版事業承継税制の適用
イ	特定事業用宅地等	適用を受けることはできません。
ロ	特定同族会社事業用宅地等	「400㎡ − 特定同族会社事業用宅地等の面積」が適用対象となる宅地等の限度面積となります[※1]。
ハ	貸付事業用宅地等	「$400㎡ - 2 \times \left(A \times \dfrac{200}{330} + B \times \dfrac{200}{400} + C \right)$」が適用対象となる宅地等の限度面積となります[※2]。
ニ	特定居住用宅地等	適用制限はありません[※1]。

※1　他に貸付事業用宅地等について小規模宅地等の特例の適用を受ける場合には、ハによります。

　2　Aは特定居住用宅地等の面積、Bは特定同族会社事業用宅地等の面積、Cは貸付事業用宅地等の面積です。

　（出典）国税庁ホームページ「個人の事業用資産についての贈与税・相続税の納税猶予・免除（個人版事業承継税制）のあらまし」より

特定事業用宅地等の評価減特例と個人版事業承継税制は選択適用となります。たとえば、贈与税の納税猶予を受けている特例事業受贈者（個人事業承継者・後継者）の贈与者が死亡した場合で、特例受贈事業用資産（宅地等）について、特例事業受贈者が贈与者から相続等により取得したものとみなされて相続税の課税対象とされる場合（措法70の6の9①）で、切替確認をせず、相続税の納税猶予を受けない場合でも、特定事業用宅地等の評価減特例は適用できないこととされています。

【図表3】　個人版事業承継税制と特定事業用宅地等の評価減特例の主な違い

	個人版事業承継税制	小規模宅地等の特例
事前の計画策定等	**5年以内の個人事業承継計画の提出** 平成31年4月1日から 令和6年3月31日まで	不要
適用期限	**10年以内の贈与・相続等** 平成31年1月1日から 令和10年12月31日まで	なし
承継パターン	贈与・相続等	相続等のみ
対象資産	・宅地等（400㎡まで） ・建物（床面積800㎡まで） ・一定の減価償却資産	宅地等（400㎡まで）のみ
減額割合	100% （納税猶予）	80% （課税価格の減額）
事業の継続	終身	申告期限まで

（出典）国税庁ホームページ「個人の事業用資産についての贈与税・相続税の納税猶予・免除（個人版事業承継税制）のあらまし」より

　両特例を比較した場合（図表 3 参照）、個人版事業承継税制は、5 年以内（令和 6 年 3 月 31 日まで）に個人事業承継計画を提出し、経営承継円滑化法の認定を受けることが大前提であり、10 年間の時限措置とされています。贈与税にも適用があり、宅地等（400㎡まで）だけでなく建物（床面積 800㎡まで）や一定の減価償却資産も対象資産とされています。納税猶予を受ける特例事業用資産については贈与税・相続税とも 100％納税が猶予され、切替確認を受けた場合には贈与税から相続税に納税猶予を継続することも可能となります。

　これに対して小規模宅地等の特例である特定事業用宅地等は、宅地等（400㎡まで）のみ減額割合 80％とされ、相続税しか適用はありません。しかし、相続税の計算において、評価減額部分が課税価格から減額されるため、課税遺産総額が減少します。その結果、特例の適用を受ける相続人等だけでなく他の評価減相続人等の相続税負担も軽減することになります。また、事業の継続要件について終身継続をベースとする個人版事業承継税制に対し、特定事業用宅地等の評価減特例は相続税の申告期限までの事業継続と資産保有を要件としています。この点においては、特定事業用宅地等の特例の方が短期間で効果が確定するため安心感を持つことができます。

　ただし、平成 31 年度税制改正により、平成 31 年 4 月 1 日以後開始の相続について、相続開始前 3 年以内に事業の用に供された宅地等（その宅地等の上で事業の用に供されている減価償却資産の価額が、宅地等の相続時の価額の 15％以上である場合を除きます。）が特定事業用宅地等の対象外とされました（措法 69 の 4 ③一、措令 40 の 2 ⑧）。この改正には留意する必要があります。

　両方の適用が可能となる場合には、各々の適用を受けた場合の相続税

シミュレーションを実施するとともに、相続人の状況や意思等をもとに、いずれを選択するかの判断を行うことになると思われます。

(親が医師で子が歯科医師の場合の両特例の適用の可否について)

　先代経営者である父親が医師で、個人事業承継者である子が歯科医師の場合、特定事業用宅地等の評価減特例の適用は受けられません。これに対し、個人版事業承継税制は、中小企業における経営の承継の円滑化に関する法律及び租税特別措置法ともに「転業」を禁止していないため、円滑化法認定における要件と措置法における要件のいずれも満たす場合には、個人版事業承継税制が適用できると考えられます。

　後継者（受贈者、相続人等）の要件、先代事業者等（贈与者、被相続人）の要件を満たしていること等については、都道府県知事の「円滑化法の認定」が必要となります。円滑化法の要件の個別の判断には、都道府県の判断によることになるため、事前の相談等が必要と考えます。

　（注）　親が歯科医師で子が医師の場合も同様の取扱いとなります。

4 比較例

【計算例その1】

　父（個人開業医・被相続人）の相続の状況

〈相続人〉長男（医師・後継者）・長女の2人

〈財　産〉

　5億円で内訳は以下のとおり。

・診療所用建物（800㎡）　　　　（相続税評価額　　　　1億円）

・診療所用建物の敷地（400㎡）　（相続税評価額　2億5,000万円）

・医療用機器等　　　　　　　　　（相続税評価額　　1,000万円）

・金融資産　　　　　　　　　　　（相続税評価額　1億4,000万円）

〈分　割〉

　長男が診療所用建物（800㎡）、診療所用建物の敷地（400㎡）、医療用機器等及び金融資産のうち5,000万円の合計4億1,000万円を相続した。

　長女が金融資産のうち9,000万円を相続しました。

Ⅰ　個人版事業承継税制の適用を選択する場合

　長男が相続する診療所用建物（800㎡）及び診療所用建物の敷地（400㎡）について相続税の納税猶予の適用を受ける。

1　相続税額の計算

　｛（5億円 − 4,200万円（基礎控除））× 1／2 × 45％ − 2,700万円｝× 2
= 152,100,000円

　長男の相続税：1億5,210万円 × 4億1,000万円／5億円 = 124,722,000円

　長女の相続税：1億5,210万円 × 9,000万円／5億円 = 27,378,000円

2 納税猶予分の相続税額の計算

(1) 長男が特例事業用資産（評価額3億5,000万円）のみ相続したと仮定して相続税の計算をする。

｛(4億4,000万円－4,200万円（基礎控除））×1／2×40％－1,700万円｝×2＝125,200,000円

(2) 長男の納税猶予分の相続税額

1億2,520万円×3億5,000万円／4億4,000万円＝99,590,900円（百円未満切捨）

3 納付税額の計算

長男の納付税額：124,722,000円－99,590,900円＝25,131,100円

長女の納付税額：27,378,000円

（納付税額の合計は52,509,100円）

Ⅱ 特定事業用宅地等の評価減特例の適用を選択する場合

長男が相続する診療所用建物の敷地（400㎡）について特定事業用宅地等の評価減特例の適用を受ける。

1 相続税額の計算

｛(5億円－2億円(注)－4,200万円（基礎控除））×1／2×40％－1,700万円｝×2＝69,200,000円

(注) 小規模宅地等の評価減額の計算
2億5,000万円×400㎡／400㎡×80％＝2億円

2 納付税額の計算

長男の相続税：6,920万円×2億1,000万円／3億円＝48,440,000円

長女の相続税：6,920万円×9,000万円／3億円＝20,760,000円

（納付税額の合計は69,200,000円）

─【計算例その2　債務がある場合】─────────

　父（個人開業医・被相続人）の相続の状況

〈相続人〉長男（医師・後継者）・長女の２人

〈財　産〉

積極財産５億円で内訳は以下のとおり。

　・診療所用建物（800㎡）　　　　　（相続税評価額　　　　１億円）

　・診療所用建物の敷地（400㎡）　（相続税評価額２億5,000万円）

　・医療用機器等　　　　　　　　　（相続税評価額　　1,000万円）

　・金融資産　　　　　　　　　　　（相続税評価額１億4,000万円）

診療所用建物建築のための負債が3,000万円あります。

〈分　割〉

　長男が診療所用建物（800㎡）、診療所用建物の敷地（400㎡）、医療用機器等及び金融資産のうち5,000万円と負債の3,000万円（正味財産３億8,000万円）を相続しました。

　長女が金融資産のうち9,000万円を相続しました。

─────────────────────────

Ⅰ　個人版事業承継税制の適用を選択する場合

　長男が相続する診療所用建物（800㎡）及び診療所用建物の敷地（400㎡）について相続税の納税猶予の適用を受ける。

1　相続税額の計算

　｛（４億7,000万円[注1] － 4,200万円（基礎控除））× １ ／ ２ × 45％ － 2,700万円｝× ２ ＝ 138,600,000円

　（注1）　長男：（１億円＋２億5,000万円－3,000万円）＋1,000万円＋
　　　　　　　　　5,000万円＝３億8,000万円

　　　　　長女：9,000万円

合計：4億7,000万円

長男の相続税：1億3,860万円×3億8,000万円／4億7,000万円＝
112,059,500円（百円未満切捨）

長女の相続税：1億3,860万円×9,000万円／4億7,000万円＝
26,540,400円（百円未満切捨）

2　納税猶予分の相続税額の計算

(1)　長男が特例事業用資産（評価額3億5,000万円）のみ相続したと仮定して相続税の計算をする。特例事業用資産の価額から事業用負債の金額を控除する。

$\{(4億1,000万円^{（注2）}－4,200万円（基礎控除））×1／2×40％－1,700万円\}×2＝113,200,000円$

（注2）　長男：3億5,000万円－3,000万円（負債）＝3億2,000万円
長女：9,000万円
合計：4億1,000万円

(2)　長男の納税猶予分の相続税額

1億1,320万円×3億2,000万円／4億1,000万円＝88,351,200円（百円未満切捨）

3　納付税額の計算

長男の納付税額：112,059,500円－88,351,200円＝23,708,300円

長女の納付税額：26,540,400円

（納付税額の合計は50,248,700円）

Ⅱ　特定事業用宅地等の評価減特例の適用を選択する場合

　長男が相続する診療所用建物の敷地（400㎡）について特定事業用宅地等の評価減特例の適用を受ける。

1　相続税額の計算

　$\{(5億円 - 2億円^{(注1)} - 3,000万円^{(注2)} - 4,200万円（基礎控除））×$

$1／2 × 40\% - 1,700万円\} × 2 = 57,200,000円$

（注1）　小規模宅地等の評価減額の計算
　　　　診療所用建物の敷地の相続税評価額2億5,000万円
　　　　2億5,000万円×400㎡/400㎡×80％＝2億円
（注2）　債務控除　3,000万円

2　納付税額の計算

　長男の相続税：5,720万円×1億8,000万円／2億7,000万円＝

　　　　　　　　　　　　38,133,300円（百円未満切捨）

　長女の相続税：5,720万円×9,000万円／2億7,000万円＝

　　　　　　　　　　　　19,066,600円（百円未満切捨）

（納付税額の合計は57,199,900円）

第8章

個人開業医の医療法人化と事業承継

1 医療法人化して事業承継する場合

(1) 医療法第 39 条

　個人開業の医師・歯科医師が開設する診療所を法人化する場合、通常は、医療法人を選択します。法人には設立根拠となる法律が必要です。医療法人の場合は「医療法」が根拠法となり、次のように規定されています。

○医療法第 39 条

（１項）病院、医師若しくは歯科医師が常時勤務する診療所、介護老人保健施設又は介護医療院を開設しようとする社団又は財団は、この法律の規定により、これを法人とすることができる。

（２項）前項の規定による法人は、医療法人と称する。

　医療法人の形態は「社団」と「財団」の２種類です。そして、社団医療法人は「持分の定めのある社団医療法人（以下「持分あり社団医療法人」とする。）」と「持分の定めのない社団医療法人（以下「持分なし社団医療法人」とする。）」の２種類に分類されます。

(2) 社団医療法人

① 持分あり社団医療法人

　社団とは一定の目的をもった人の集団で、団体としての組織をもつものを指します。社団医療法人は病院や診療所等を開設するため人が集まり現金や不動産、医療用機器等を拠出して設立された医療法人をいいます。財産の拠出法として、平成18年の医療法改正（いわゆる第５次医

療法改正）前は「出資」形式が可能で出資者は「持分」を持つことができました。この出資者が持分を所有する形態の医療法人を「持分あり社団医療法人」といいます。この形態は、株式会社の医業経営参入を阻止するための医療法改正により「当分の間」存続する「経過措置医療法人」と位置づけられ、平成19年4月1日以後、新規設立はできません（平成18年改正医療法附則10②）。

　ところで、持分とは、医療法に「定款の定めるところにより、出資額に応じた払戻し又は残余財産の分配を受ける権利（平成18年改正医療法附則10の3③かっこ書き）」と規定されています。この出資額に応じた払戻しや残余財産の分配を受ける権利には財産的価値があるので持分は相続税の課税対象とされます。内部留保が多額となると持分評価も膨らみ、結果として相続税額も多額となります。相続・事業承継に際しては、持分の評価額がいくらになっているのか、また、これをスムーズに後継者へ承継できるのかという点は重要なポイントとなり、対策を講じておくことが必要となります。

②　持分なし社団医療法人

　現状、新規で設立可能な社団医療法人は「持分なし社団医療法人」となります。この形態は、医療法の定めに沿って、医療法人が解散する場合の残余財産の帰属者を国、地方公共団体又は医療を提供する者であって厚生労働省令で定めるものから選定（医療法44④、医療法施行規則31条の2）するよう定款に規定しています。具体的なモデル定款は以下のとおりです。

（出典）厚生労働省ホームページより

　持分なし社団医療法人は、解散時の残余財産が国等に帰属するため、理事長等の相続に際し、医療法人の内部留保部分に相続税が課税されることはありません。この点では、後継者が子など親族である場合には、事業承継に都合の良い形態の医療法人ということができます。

③　基金拠出型医療法人

　平成19年4月1日以後に、医療法人を新規設立する場合には、財産の拠出方法は設立時の課税問題（相続税法第66条第4項の贈与税課税、192ページ参照）などもあり「基金（医療法施行規則30の37①）」として拠出する場合が多いと考えられます。この形態の医療法人は「基金拠出型医療法人」と呼ばれ、持分なし社団医療法人の一形態となります。

　平成18年の医療法改正により、平成19年4月1日以後、持分なし社団医療法人は、「基金を引き受ける者の募集をすることができる旨定款に定めることができる。」とされ、選択により基金制度を採ることができることとなりました（医療法施行規則第30条の37①）。基金とは、社団医療法人で持分の定めのないものに拠出された金銭その他の財産であって、医療法人が拠出者に対して、定款で定めるところに従い返還義務を負うものをいいます。金銭以外の財産（たとえば医療用機器等）を基金として拠出した場合の返還義務は、拠出時の価額に相当する金銭での返還義務が生じることになります（医療法施行規則第30条の37①）。基金の返還に係る債権には、利息を付すことはできません（医療法施行規則第30条の37②）。基金制度を採用する場合は、基金拠出者の権利に関する規定や基金の返還手続きを定款に定める必要があります（医療法施行規則第30条の37①一、二）。基金制度は、剰余金の分配を目的としないという医療法人の基本的性格を維持しつつ、その活動の原始となる資金を調達し、その財産的基礎の維持を図るという趣旨で設けられました。基金制度を採用するか、しないかは法人の選択です。

　なお、「社団医療法人が破産手続開始の決定を受けた場合においては、基金の返還に係る債権は、破産法第99条第2項に規定する約定劣後破産債権となる（厚生労働省医政局通知「医療法人の基金について」より）」ため、基金拠出者は劣後債としての基金返還に係る債権を持つことになります。この債権は、相続の際、相続税の課税対象とされます。しかし、持分のように含み益に応じて評価額が膨らむことはありません。

　持分なし社団医療法人の設立に伴い、個人が財産を医療法人に拠出したことによって、その親族等の相続税又は贈与税の負担が「不当に減少」した場合には、その医療法人を個人とみなして、医療法人に贈与税が課税されることになります（相法66④）。この贈与税課税の判定要素である「不当減少」要件は次の４項目で判定されることになります（相令33③）。

〈不当減少要件判定の４項目〉

(1)　**医療法人の運営組織が適正であること、同族親族等関係者が役員等の総数の３分の１以下であること。**

　「その運営組織が適正であるとともに、医療法人の定款や規則で、その役員等のうち親族関係を有する者やこれらと次に掲げる特殊の関係がある者（親族等）の数が、それぞれの役員等の数に占める割合は、いずれも３分の１以下とする旨の定めがあること（相令33③一）。」

(2)　**医療法人関係者に対する特別利益供与が禁止されていること。**

　「その医療法人に財産の贈与や遺贈をした者、その法人の設立者、社員や役員等又はこれらの者の親族等に対し、施設の利用、余裕金の運用、解散した場合における財産の帰属、金銭の貸付け、資産の譲渡、給与の支給、役員等の選任その他財産の運用及び事業の運営に関して特別の利益を与えないこと（相令33③二）。」

(3)　**残余財産の帰属先が国、地方公共団体、公益法人等に限定されていること。**

　「その医療法人の定款や規則で、その法人が解散した場合にその

残余財産が国、地方公共団体、公益社団法人、公益財団法人その他の公益を目的とする事業を行う法人（持分の定めのないものに限る。）に帰属する旨の定めがあること（相令33③三）。」

⑷　法令違反等の事実がないこと。

「その医療法人につき法令に違反する事実や、帳簿書類に取引の全部又は一部を隠ぺいしたり、仮装したりして記録や記載をしている事実がないこと、その他公益に反する事実がないこと（相令33③四）。」

〈解説〉

　個人開業の医師・歯科医師が医療法人成りする場合には、理事（役員）を同族親族で固めることが多いと考えられます。その場合、「同族親族等関係者が役員等の総数の3分の1以下であること」という要件を満たさないことになります。また、「医療法人の運営組織が適正」か否かという判断は法令解釈通達に詳細が示されていますが、適用とされる要件は社会医療法人や特定医療法人並みの要件とされており、診療所を母体とした医療法人ではその要件を満たすことが著しく困難とされています。診療所を経営母体とした個人開業の医師・歯科医師が医療法人化する場合には、運転資金の2月分の資金や医療用機器などの財産を医療法人に拠出することが求められます。この拠出を無償贈与（寄附）とした場合で、「不当減少」要件をクリアできなければ、医療法人にみなし贈与税が課税されます。この課税を回避するために、税務上の観点から、設立する医療法人の形態は、基金拠出型医療法人が望ましいと考えられます。「基金」として財産を拠出すれば以下のような取引となりみなし贈与税の課税がされることはありません。

〈医療法人に基金を拠出した時の仕訳〉

　　（借方）資　産　××　／　（貸方）基　金　××

　　　　　　　　　　　　　　　　　↓

　　　　　　　　医療法人が、その拠出者に対して基金の
　　　　　　　　返還義務を負う。基金は破産手続開始決
　　　　　　　　定を受けた場合、約定劣後破産債権とさ
　　　　　　　　れる。

⑶　財団医療法人

　財団とは、特定の目的のために結合された財産の集合体を指します。財団医療法人の設立は、個人や法人が医療法人の運営に必要な財産を寄附して行うことになります。財団医療法人では寄附された財産が法人格の基盤となっているため持分概念はありません。また、基金制度を採ることもできません。実務上、個人開業の診療所を法人化する場合の財団医療法人の新規設立は、設立時の財産拠出に係る課税問題（相続税法第66条第4項の贈与税課税、192ページ参照）などがあるため、ほとんど行われず、社団医療法人の形態を選択する場合が一般的となります。

〈参考〉医療法人の形態別現況

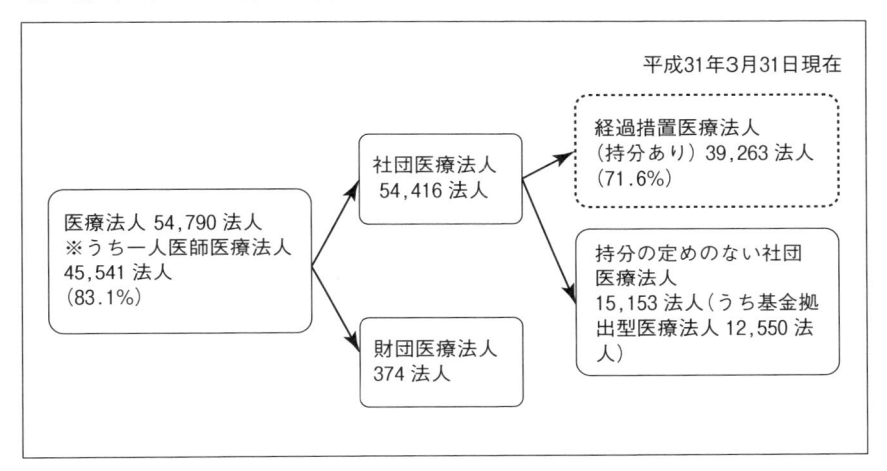

平成31年3月31日現在

医療法人 54,790 法人
※うち一人医師医療法人
45,541 法人
（83.1%）

社団医療法人
54,416 法人

財団医療法人
374 法人

経過措置医療法人
（持分あり）39,263 法人
（71.6%）

持分の定めのない社団
医療法人
15,153 法人（うち基金拠
出型医療法人 12,550 法
人）

（出典）厚生労働省の資料より

⑷　一人医師医療法人

　診療所を経営母体とした比較的小規模な医療法人を通称「一人医師医療法人」といいます。

　昭和23年に制定された医療法が昭和25年に改正された際、医療法人制度が生まれました。当時、医療法人化が認められたのは「病院又は医師若しくは歯科医師が常時3人以上勤務する診療所」と規定され、診療所については一定規模以上のものについてのみ法人化の途を開いていました。これが昭和60年12月、制度発足以来35年間にわたり変更がなかった医療法人制度に改正がされ、診療所の場合、「医師若しくは歯科医師が常時勤務する診療所」でも医療法人化の途が開かれました。つまり、常勤の医師・歯科医師が1人や2人勤務している小規模な診療所でも医療法人を設立することができることになったのです。この常勤の医師又は歯科医師が1人又は2人で診療所を開設している法人を「一人医師医

療法人」といいます。この改正は昭和61年10月1日に施行されました。決算の公告など医療法人の規模の大小で医療法上の取り扱いが異なる点はありますが、一人医師医療法人という特別な制度が医療法に設けられているわけではありません。医療法上、設立・運営・権利及び義務に関して何らの区別はありません。

　小規模な医療機関にも医療法人の途が開かれた趣旨は、従来の個人診療所という一元的経営と違い、法人としての組織的運営を可能とし、また、医業経営と家計の分離を明確にすることにより、プライマリ・ケアという重要な役割を中心的に担っていく診療基盤を強化し、設備、機能の充実を図り診療所経営の近代化、合理化を図ることを目的としたためです。

(5)　医療法人の設立・認可・登記

　医療法には、「医療法人は、その主たる事務所の所在地の都道府県知事の認可を受けなければ、これを設立することができない（医療法44①）。」と規定されています。したがって、医療法人設立のためには都道府県知事の認可を受ける必要があります。

　都道府県知事は、医療法人の認可申請があった場合には、申請法人の資産が業務を行うに必要な資産を有しているか（医療法41）、定款の内容が法令の規定に違反していないかなどを審査したうえで、その認可を決定することになります（医療法45①）。都道府県知事は、認可をするか、又はしないかの処分をするに当たっては、あらかじめ、都道府県医療審議会の意見を聴かなければならないとされています（医療法45②）。したがって、実務上は、各都道府県の医療審議会の開催時期に合わせて都道府県の担当部署が設立認可申請の受付を行うため、医療法人の設立は年2〜3回の機会に限られることになります。

〈参考〉

社団医療法人の設立から認可に至る大まかな手順を示すと次のようになります。

①　事前相談　→　②定款（案）の作成　→　③設立総会の開催　→　④設立認可申請書の作成・提出→　○審査　→　○医療審議会への諮問・答申　→　○認可書の交付　→⑤設立登記申請書類作成→　⑥設立登記申請　→　⑦設立登記完了（医療法人の設立）→　⑧基金の払込　→　⑨現物拠出財産の所有権移転登記　→　⑩医療法人設立登記完了届提出

※○は都道府県知事の手続き

　認可を受けた医療法人は、その主たる事務所の所在地において設立の登記をすることにより成立します（医療法46①）。設立時には、医療法人の名称、目的、所在場所、理事長の氏名、資産総額などが登記事項となります。

(6)　定款に定める事項

　医療法人の設立に際しては、定款に、少なくとも次に掲げる事項を定めることが必要となります（医療法44②）。

①　目　　的
②　名　　称
③　開設しようとする診療所などの名称や開設場所
④　事務所の所在地
⑤　資産や会計に関する規定
⑥　役員に関する規定

⑦　理事会に関する規定

⑧　社団たる医療法人にあっては、社員総会、社員たる資格の得喪
　に関する規定

⑨　解散に関する規定

⑩　定款の変更に関する規定

⑪　公告の方法

〈社団医療法人の定款例〉　厚生労働省のホームページより

<table>
<tr>
<td>

医療法人○○会定款

第1章　名称及び事務所
第1条　本社団は、医療法人○○会と称する。
第2条　本社団は、事務所を○○県○○郡（市）○○町（村）○○番地に置く。

第2章　目的及び事業
第3条　本社団は、病院（診療所、介護老人保健施設、介護医療院）を経営し、科学的でかつ適正な医療（及び要介護者に対する看護、医学的管理下の介護及び必要な医療等）を普及することを目的とする。

第4条　本社団の開設する病院（診療所、介護老人保健施設、介護医療院）の名称及び開設場所は、次のとおりとする。
　(1)　○○病院　　○○県○○郡（市）○○町（村）
　(2)　○○診療所　○○県○○郡（市）○○町（村）
　(3)　○○園　　　○○県○○郡（市）○○町（村）
　(4)　○○介護医療院　○○県○○郡（市）○○町（村）
　2　本社団が○○市（町、村）から指定管理者として指定を受けて管理する病院（診療所、介護老人保健施設、介護医療院）の名称及び開設場所は、次のとおりとする。
　(1)　○○病院　　○○県○○郡（市）○○町（村）
　(2)　○○診療所　○○県○○郡（市）○○町（村）
　(3)　○○園　　　○○県○○郡（市）○○町（村）
　(4)　○○介護医療院　○○県○○郡（市）○○町（村）
第5条　本社団は、前条に掲げる病院（診

</td>
<td>

・事務所については、複数の事務所を有する場合は、すべてこれを記載し、かつ、主たる事務所を定めること。

・病院、診療所、介護老人保健施設又は介護医療院のうち、開設する施設を掲げる。（以下、第4条、第5条、第27条第3項及び第28条第5項において同じ。）
・介護老人保健施設又は介護医療院のみを開設する医療法人については、「本社団は、介護老人保健施設（又は介護医療院）を経営し、要介護者に対する看護、医学的管理下の介護及び必要な医療等を普及することを目的とする。」とする。

・本項には、地方自治法（昭和22年法律第67号）に基づいて行う指定管理者として管理する病院（診療所、介護老人保健施設、介護医療院）の名称及び開設場所を掲げる。行わない場合には、掲げる必要はない。（以下、第27条第3項及び第28条第5項において同じ。）

・本条には、医療法（昭和23年法律第205

</td>
</tr>
</table>

療所、介護老人保健施設、介護医療院）を経営するほか、次の業務を行う。
○○看護師養成所の経営

号。以下「法」という。）第42条各号の規定に基づいて行う附帯業務を掲げる。行わない場合には、掲げる必要はない。

第3章　資産及び会計

第6条　本社団の資産は次のとおりとする。
　(1)　設立当時の財産
　(2)　設立後寄附された金品
　(3)　事業に伴う収入
　(4)　その他の収入
2　本社団の設立当時の財産目録は、主たる事務所において備え置くものとする。
第7条　本社団の資産のうち、次に掲げる財産を基本財産とする。
　(1)　・・・
　(2)　・・・
　(3)　・・・

・不動産、運営基金等重要な資産は、基本財産とすることが望ましい。

2　基本財産は処分し、又は担保に供してはならない。ただし、特別の理由のある場合には、理事会及び社員総会の議決を経て、処分し、又は担保に供することができる。
第8条　本社団の資産は、社員総会又は理事会で定めた方法によって、理事長が管理する。
第9条　資産のうち現金は、医業経営の実施のため確実な銀行又は信託会社に預け入れ若しくは信託し、又は国公債若しくは確実な有価証券に換え保管する。
第10条　本社団の収支予算は、毎会計年度開始前に理事会及び社員総会の議決を経て定める。
第11条　本社団の会計年度は、毎年4月1日に始まり翌年3月31日に終る。

・任意に1年間を定めても差し支えない。（法第53条参照）

第12条　本社団の決算については、事業報告書、財産目録、貸借対照表及び損益計算書（以下「事業報告書等」という。）を作成し、監事の監査、理事会の承認及び社員総会の承認を受けなければならない。
2　本社団は、事業報告書等、監事の監査報告書及び本社団の定款を事務所に備えて置き、社員又は債権者から請求があった場合には、正当な理由がある場合を除

いて、これを閲覧に供しなければならない。

3　本社団は、毎会計年度終了後3月以内に、事業報告書等及び監事の監査報告書を○○県知事に届け出なければならない。

第13条　決算の結果、剰余金を生じたとしても、配当してはならない。

第4章　社員

第14条　本社団の社員になろうとする者は、社員総会の承認を得なければならない。

2　本社団は、社員名簿を備え置き、社員の変更があるごとに必要な変更を加えなければならない。

第15条　社員は、次に掲げる理由によりその資格を失う。

(1)　除　名

(2)　死　亡

(3)　退　社

2　社員であって、社員たる義務を履行せず本社団の定款に違反し又は品位を傷つける行為のあった者は、社員総会の議決を経て除名することができる。

第16条　やむを得ない理由のあるときは、社員はその旨を理事長に届け出て、退社することができる。

第5章　社員総会

第17条　理事長は、定時社員総会を、毎年○回、○月に開催する。

2　理事長は、必要があると認めるときは、いつでも臨時社員総会を招集することができる。

3　理事長は、総社員の5分の1以上の社員から社員総会の目的である事項を示して臨時社員総会の招集を請求された場合には、その請求があった日から20日以内に、これを招集しなければならない。

4　社員総会の招集は、期日の少なくとも5日前までに、その社員総会の目的である事項、日時及び場所を記載し、理事長がこれに記名した書面で社員に通知しなければならない。

第18条　社員総会の議長は、社員の中から

・2以上の都道府県の区域において病院、診療所、介護老人保健施設又は介護医療院を開設する医療法人については、主たる事務所の所在地の都道府県知事に届け出るものとする。

・退社について社員総会の承認の議決を要することとしても差し支えない。

・定時社員総会は、収支予算の決定と決算の決定のため年2回以上開催することが望ましい。

・5分の1を下回る割合を定めることもできる。

・招集の通知は、定款で定めた方法により行う。書面のほか電子的方法によることも可。

社員総会において選任する。

第19条　次の事項は、社員総会の議決を経なければならない。

(1)　定款の変更

(2)　基本財産の設定及び処分（担保提供を含む。）

(3)　毎事業年度の事業計画の決定又は変更

(4)　収支予算及び決算の決定又は変更

(5)　重要な資産の処分

(6)　借入金額の最高限度の決定

(7)　社員の入社及び除名

(8)　本社団の解散

(9)　他の医療法人との合併若しくは分割に係る契約の締結又は分割計画の決定

2　その他重要な事項についても、社員総会の議決を経ることができる。

第20条　社員総会は、総社員の過半数の出席がなければ、その議事を開き、決議することができない。

2　社員総会の議事は、法令又はこの定款に別段の定めがある場合を除き、出席した社員の議決権の過半数で決し、可否同数のときは、議長の決するところによる。

3　前項の場合において、議長は、社員として議決に加わることができない。

第21条　社員は、社員総会において各1個の議決権及び選挙権を有する。

第22条　社員総会においては、あらかじめ通知のあった事項のほかは議決することができない。ただし、急を要する場合はこの限りではない。

2　社員総会に出席することのできない社員は、あらかじめ通知のあった事項についてのみ書面又は代理人をもって議決権及び選挙権を行使することができる。ただし、代理人は社員でなければならない。

3　代理人は、代理権を証する書面を議長に提出しなければならない。

第23条　社員総会の議決事項につき特別の利害関係を有する社員は、当該事項につきその議決権を行使できない。

第24条　社員総会の議事については、法令

で定めるところにより、議事録を作成する。

第25条　社員総会の議事についての細則は、社員総会で定める。

　　　　　　第6章　　役員

第26条　本社団に、次の役員を置く。

⑴　理事　○名以上○名以内

　　　うち理事長1名

⑵　監事　○名

・原則として、理事は3名以上置かなければならない。都道府県知事の認可を受けた場合には、1名又は2名でも差し支えない。(法第46条の5第1項参照)なお、理事を1名又は2名置くこととした場合でも、社員は3名以上置くことが望ましい。

第27条　理事及び監事は、社員総会の決議によって選任する。

2　理事長は、理事会において、理事の中から選出する。

3　本社団が開設(指定管理者として管理する場合を含む。)する病院(診療所、介護老人保健施設、介護医療院)の管理者は、必ず理事に加えなければならない。

・病院、診療所、介護老人保健施設又は介護医療院を2以上開設する場合において、都道府県知事(2以上の都道府県の区域において病院、診療所、介護老人保健施設又は介護医療院を開設する医療法人については主たる事務所の所在地の都道府県知事)の認可を受けた場合は、管理者(指定管理者として管理する病院等の管理者を除く。)の一部を理事に加えないことができる。(法第46条の5第6項参照)

4　前項の理事は、管理者の職を退いたときは、理事の職を失うものとする。

5　理事又は監事のうち、その定数の5分の1を超える者が欠けたときは、1月以内に補充しなければならない。

・理事の職への再任を妨げるものではない。

第28条　理事長は本社団を代表し、本社団の業務に関する一切の裁判上又は裁判外の行為をする権限を有する。

2　理事長は、本社団の業務を執行し、

　(例1)　3箇月に1回以上、自己の職務の執行の状況を理事会に報告しなければならない。

　(例2)　毎事業年度に4箇月を超える間隔で2回以上、自己の職務の執行の状況を理事会に報告しなければならない。

・この報告は、現実に開催された理事会において行わなければならず、報告を省略することはできない。

3　理事長に事故があるときは、理事長があらかじめ定めた順位に従い、理事がその職務を行う。

4　監事は、次の職務を行う。

(1) 本社団の業務を監査すること。

(2) 本社団の財産の状況を監査すること。

(3) 本社団の業務又は財産の状況について、毎会計年度、監査報告書を作成し、当該会計年度終了後3月以内に社員総会及び理事会に提出すること。

(4) 第1号又は第2号による監査の結果、本社団の業務又は財産に関し不正の行為又は法令若しくはこの定款に違反する重大な事実があることを発見したときは、これを○○県知事、社員総会又は理事会に報告すること。

(5) 第4号の報告をするために必要があるときは、社員総会を招集すること。

(6) 理事が社員総会に提出しようとする議案、書類、その他の資料を調査し、法令若しくはこの定款に違反し、又は著しく不当な事項があると認めるときは、その調査の結果を社員総会に報告すること。

5 監事は、本社団の理事又は職員（本社団の開設する病院、診療所、介護老人保健施設又は介護医療院（指定管理者として管理する病院等を含む。）の管理者その他の職員を含む。）を兼ねてはならない。

第29条 役員の任期は2年とする。ただし、再任を妨げない。

2 補欠により就任した役員の任期は、前任者の残任期間とする。

3 役員は、第26条に定める員数が欠けた場合には、任期の満了又は辞任により退任した後も、新たに選任された者が就任するまで、なお役員としての権利義務を有する。

第30条 役員は、社員総会の決議によって解任することができる。ただし、監事の解任の決議は、出席した社員の議決権の3分の2以上の賛成がなければ、決議することができない。

第31条 役員の報酬等は、

（例1）社員総会の決議によって別に定めるところにより支給する。

（例2）理事及び監事について、それぞれの総額が、○○円以下及び○○円以下で支

・3分の2を上回る割合を定めることもできる。

・役員の報酬等について、定款にその額を定めていないときは、社員総会の決議によって定める必要がある。

・定款又は社員総会の決議において理事の報酬等の「総額」を定める場合、各理事の報酬等の額はその額の範囲内で理事会の決議によって定めることも差し支えない。ただし、監事が2人以上あるときに

給する。
　（例3）理事長○円、理事○円、監事○円
とする。

第32条　理事は、次に掲げる取引をしよ
　うとする場合には、理事会において、そ
　の取引について重要な事実を開示し、そ
　の承認を受けなければならない。
　(1)　自己又は第三者のためにする本社団
　　の事業の部類に属する取引
　(2)　自己又は第三者のためにする本社団
　　との取引
　(3)　本社団がその理事の債務を保証する
　　ことその他その理事以外の者との間に
　　おける本社団とその理事との利益が相
　　反する取引
2　前項の取引をした理事は、その取引後、
　遅滞なく、その取引についての重要な事
　実を理事会に報告しなければならない。
第33条　本社団は、役員が任務を怠ったこ
　とによる損害賠償責任を、法令に規定す
　る額を限度として、理事会の決議により
　免除することができる。
2　本社団は、役員との間で、任務を怠っ
　たことによる損害賠償責任について、当
　該役員が職務を行うにつき善意でかつ重
　大な過失がないときに、損害賠償責任の
　限定契約を締結することができる。ただ
　し、その責任の限度額は、○円以上で本
　社団があらかじめ定めた額と法令で定め
　る最低責任限度額とのいずれか高い額と
　する。
　　　　　　第7章　理事会
第34条　理事会は、すべての理事をもっ
　て構成する。
第35条　理事会は、この定款に別に定め
　るもののほか、次の職務を行う。
　(1)　本社団の業務執行の決定
　(2)　理事の職務の執行の監督
　(3)　理事長の選出及び解職
　(4)　重要な資産の処分及び譲受けの決定
　(5)　多額の借財の決定

監事の報酬等の「総額」を定める場合は、
各監事の報酬等は、その額の範囲内で監
事の協議によって定める。また、「総額」
を上回らなければ、再度、社員総会で決
議することは必ずしも必要ではない。

・本条を規定するか否かは任意。

(6) 重要な役割を担う職員の選任及び解任の決定
(7) 従たる事務所その他の重要な組織の設置、変更及び廃止の決定

第36条 理事会は、
　(例1) 各理事が招集する。
　(例2) 理事長（又は理事会で定める理事）が招集する。この場合、理事長（又は理事会で定める理事）が欠けたとき又は理事長（理事会で定める理事）に事故があるときは、各理事が理事会を招集する。

2　理事長（又は理事会で定める理事、又は各理事）は、必要があると認めるときは、いつでも理事会を招集することができる。

3　理事会の招集は、期日の1週間前までに、各理事及び各監事に対して理事会を招集する旨の通知を発しなければならない。

4　前項にかかわらず、理事会は、理事及び監事の全員の同意があるときは、招集の手続を経ることなく開催できる。

第37条 理事会の議長は、理事長とする。

第38条 理事会の決議は、法令又はこの定款に別段の定めがある場合を除き、議決事項について特別の利害関係を有する理事を除く理事の過半数が出席し、その過半数をもって行う。

2　前項の規定にかかわらず、理事が理事会の決議の目的である事項について提案した場合において、その提案について特別の利害関係を有する理事を除く理事全員が書面又は電磁的記録により同意の意思表示をしたときは、理事会の決議があったものとみなす。ただし、監事がその提案について異議を述べたときはこの限りでない。

第39条 理事会の議事については、法令で定めるところにより、議事録を作成する。

2　理事会に出席した理事及び監事は、前項の議事録に署名し、又は記名押印する。

第40条 理事会の議事についての細則は、理事会で定める。

　　　　第8章 定款の変更

・原則、各理事が理事会を招集するが、理事会を招集する理事を定款又は理事会で定めることができる。

・1週間を下回る期間を定めることもできる。

・過半数を上回る割合を定めることもできる。

・本項を規定するか否かは任意。

・署名し、又は記名押印する者を、理事会に出席した理事長及び監事とすることも可。

第41条　この定款は、社員総会の議決を経、かつ、○○県知事の認可を得なければ変更することができない。

第9章　解散、合併及び分割

第42条　本社団は、次の事由によって解散する。

(1)　目的たる業務の成功の不能
(2)　社員総会の決議
(3)　社員の欠亡
(4)　他の医療法人との合併
(5)　破産手続開始の決定
(6)　設立認可の取消し

2　本社団は、総社員の4分の3以上の賛成がなければ、前項第2号の社員総会の決議をすることができない。

3　第1項第1号又は第2号の事由により解散する場合は、○○県知事の認可を受けなければならない。

第43条　本社団が解散したときは、合併及び破産手続開始の決定による解散の場合を除き、理事がその清算人となる。ただし、社員総会の議決によって理事以外の者を選任することができる。

2　清算人は、社員の欠亡による事由によって本社団が解散した場合には、○○県知事にその旨を届け出なければならない。

3　清算人は、次の各号に掲げる職務を行い、又、当該職務を行うために必要な一切の行為をすることができる。

(1)　現務の結了
(2)　債権の取立て及び債務の弁済
(3)　残余財産の引渡し

第44条　本社団が解散した場合の残余財産は、合併及び破産手続開始の決定による解散の場合を除き、次の者から選定して帰属させるものとする。

(1)　国
(2)　地方公共団体
(3)　医療法第31条に定める公的医療機関の開設者
(4)　都道府県医師会又は郡市区医師会（一般社団法人又は一般財団法人に限る。）
(5)　財団たる医療法人又は社団たる医療法人であって持分の定めのないもの

第45条　本社団は、総社員の同意があると
　　きは、○○県知事の認可を得て、他の社
　　団たる医療法人又は財団たる医療法人と
　　合併することができる。
第46条　本社団は、総社員の同意があると
　　きは、○○県知事の認可を得て、分割す
　　ることができる。

第10章　雑則
第47条　本社団の公告は、
　（例1）官報に掲載する方法
　（例2）○○新聞に掲載する方法
　（例3）電子公告（ホームページ）によっ
　て行う。
（例3の場合）
2　事故その他やむを得ない事由によって
　　前項の電子公告をすることができない場
　　合は、官報（又は○○新聞）に掲載する
　　方法によって行う。
第48条　この定款の施行細則は、理事会及
　　び社員総会の議決を経て定める。

　　附　　則
本社団設立当初の役員は、次のとおりとする。

理　事　長	○	○	○	○
理　　　事	○	○	○	○
同	○	○	○	○
同	○	○	○	○
同	○	○	○	○
同	○	○	○	○
同	○	○	○	○
監　　　事	○	○	○	○
同	○	○	○	○

・法第44条第4項参照。

⑺ 医療法人の機関・社員・役員など

医療法により、社団医療法人は、社員総会、理事、理事会及び監事を置かなければなりません（医療法 46 の 2 ①）。

社員総会は、社団医療法人の最高意思決定機関で、各 1 個の議決権を有する社員（医療法 46 の 3 の 3 ①）により構成されます。社員総会の主な権限は次のとおりとなります。

〈社員総会の主な権限〉

・理事、監事の選任・解任

・定款の変更

・事業報告書等の承認

・理事・監事に対する特定事項に関する説明徴求

・理事、監事の報酬額の決定（定款で額が定められていないとき）

・理事等の法人に対する損害賠償責任の一部免除

・合併・分割の同意（全社員の同意により合併・分割が可能）

・解散の決議

〈社員と社員総会の関係〉

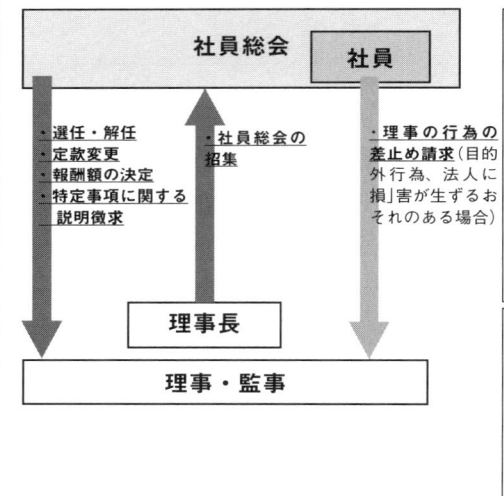

社員・社員総会

○社員は、社団たる医療法人の最高意思決定機関である社員総会の構成員としての役割を担う。
○社員総会は、事業報告書等の承認や定款変更、理事・監事の選任・解任に係る権限があり、このことにより、法人の業務執行が適正でない場合には、理事・監事の解任権限を適切に行使し、適切な法人運営体制を確保することも社員総会の責務である。

社員総会　社員

・選任・解任
・定款変更
・報酬額の決定
・特定事項に関する説明徴求

・社員総会の招集

・理事の行為の差止め請求（目的外行為、法人に損害が生ずるおそれのある場合）

理事長

理事・監事

【社員総会の権限（主なもの）】
・理事、監事の選任・解任
・定款の変更
・事業報告書等の承認
・理事・監事に対する特定事項に関する説明徴求
・理事、監事の報酬額の決定（定款で額が定められていないとき）
・理事等の法人に対する損害賠償責任の一部免除
・合併・分割の同意（全社員の同意により合併・分割が可能）
・解散の決議

【社員の権限（主なもの）】
・**社員総会の招集請求**（総社員の 1/5 以上の社員により請求が可能。）
・**理事の行為の差止め請求**（理事が法人の目的の範囲外の行為その他法令等に違反する行為をし、当該行為によって法人に回復できない損害が生ずるおそれのあるとき）
・**理事・監事等の責任追及の訴え**（法人に訴えの提起を請求し、60 日以内に法人が訴えの提起をしない場合、当該請求をした社員が提起可能）
・**理事・監事の解任の訴え**（不正行為又は法令・定款違反にもかかわらず、解任決議が社員総会で否決されたときは、社員の 1/10 以上の社員により提起可能）

（出典）厚生労働省の資料より

　医療法により、医療法人は、原則、役員として、理事３人以上・監事１人以上を置かなければなりません（医療法46の5①）。法人や欠格事

由に該当する者は役員になれません（医療法46の5⑤、46の4②）。

「医療法人と関係のある特定の営利法人の役員が理事長に就任したり、役員として参画していることは、非営利性という観点で適当ではない（運営管理指導要綱より）」とされているため、いわゆるMS法人（メディカルサービス法人）の役員と医療法人の役員の兼務には制約があります。また、未成年者の役員就任を適当ではないとする都道府県もあります。

役員は社員総会の決議によって選任され（医療法46の5②）、善管注意義務（民法644）と呼ばれる職務上の法的義務などを負うことになります。なお、役員の任期は2年を超えることはできませんが（医療法46の5⑨）、再任は可能です（医療法46の5⑨ただし書き）。理事のうち1人は、理事長とし、原則として、医師又は歯科医師である理事のうちから選出するとされています（医療法46の6①）。理事の職務や義務、責任などは以下のとおりとなります。

〈理事の職務、義務、責任など〉

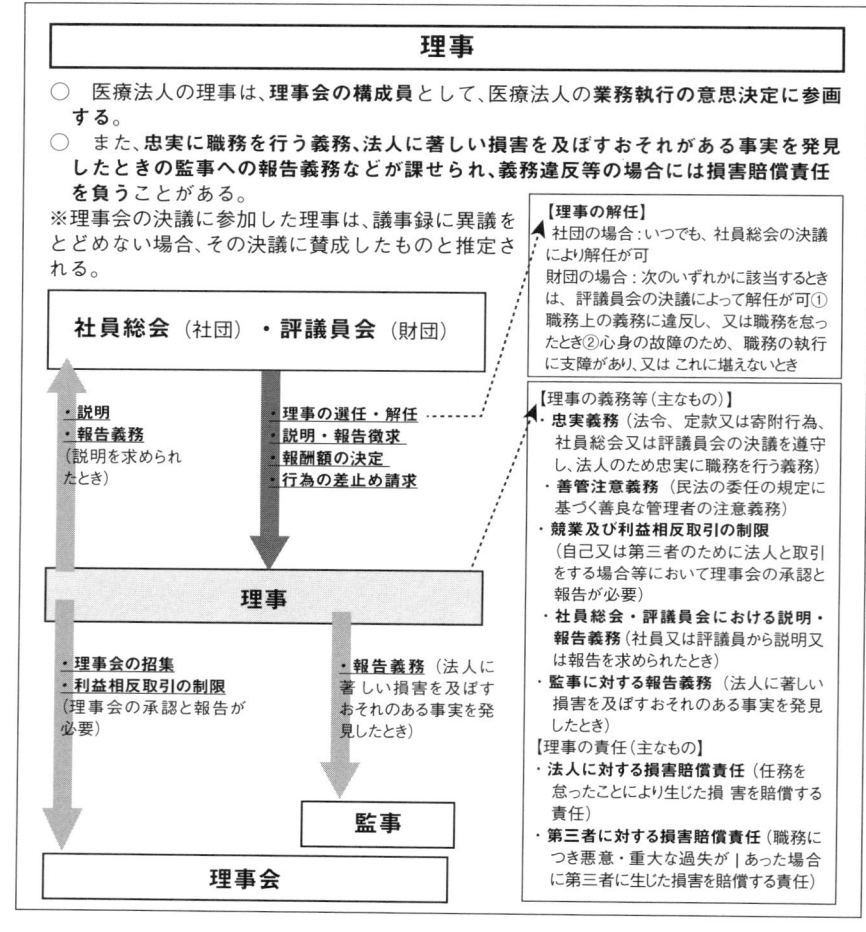

（出典）厚生労働省の資料より

また、監事の職務や義務、責任などは以下のとおりとなります。

〈監事の職務、義務、責任など〉

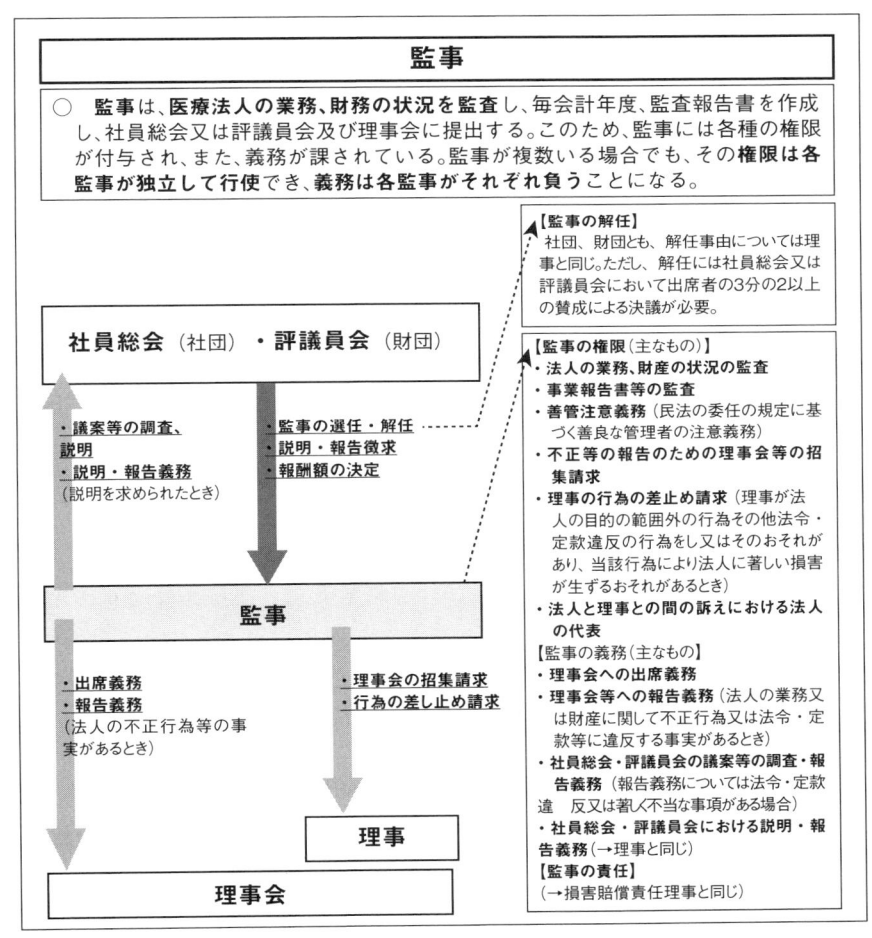

（出典）厚生労働省の資料より

医療法人の設立に際して、個人経営時代に生じた買掛金、未払金、借入金などの負債を引き継ぎしようとする場合がありますが、引継ぎには制限があります。

たとえば、医療法人化前の運転資金や消耗品類の取得に要した費用に係る負債は法人に引き継ぐことはできません。理由は、医療法人の健全な管理運営に支障を来す恐れがあるためとされています（厚生労働省医政局長通知平成19年3月30日医政発第0330049号「医療法人制度について」より）。

法人に引継ぎができる負債は、現物拠出する財産が医療法人に不可欠なもの（たとえば医療用機器など）である場合のその財産の取得のために生じた負債のみとされ、設立認可時に負債を医療法人に引継ぐ場合は、借入金の残高証明書とその借入が医療法人設立に際し拠出した財産の取得時に発生した負債であることを証する書面及びその借入金の残額を医療法人が引き継いで返済することにつき債権者（金融機関など）が承諾する承諾書が必要となります。

(9)　医療法人が営むことができる業務

医療法では、医療法人が営むことができる業務は「本来の業務（医療法39）」と「附帯業務（医療法42）」に限定されています。本来の業務は「病院、医師若しくは歯科医師が常時勤務する診療所、介護老人保健施設又は介護医療院」の開設です（医療法39）。附帯業務には、保健衛生に関する業務や有料老人ホームの設置（社会福祉法に規定するもの。）など医療・介護に関する多岐にわたる業務が含まれています。近年、地域包括ケアシステム構築に向けてその業務範囲は広がる傾向にあります。

なお、本来の業務、附帯業務を行う場合には定款記載が必要となります。また、実務上は、院内売店など、これらの業務に付随して行われる業務で収益業務の規模とならない業務（付随業務）も営むことができます。

〈医療法人の業務範囲の区分〉

法人の種別と業務可能範囲		業務	内容
社会医療法人	一般の医療法人・特定医療法人	本来の業務（医療法39）	医療法39条に定める施設の開設 例）病院・診療所（常勤医師等）・介護老人保健施設・介護医療院
		附随業務（医療法42）	医療法42条に定める本来業務に附帯する業務 例）訪問看護ステーション、サービス付き高齢者向け住宅、有料老人ホーム等 ※定款等に記載が必要（知事の認可が必要）
		附随業務	本来業務や附帯業務に附随して発生する業務 （医療施設内の売店、患者用の駐車場運営、等） ※収益業務の規模とならないもの ※法的根拠がある業務ではない（定款等不記載）
		収益業務（医療法42の2）	厚生労働大臣が認めた一定の収益業務 例）医療・介護用品等の販売、医療用機器の貸付業等 ※定款等に記載が必要（知事の認可が必要） ※収益は本来業務（医療提供行為）に再投資
		社会福祉法に基づく社会福祉事業	〈第1種〉 ○　ケアハウスの設置・運営 ○障害児入所施設など児童入所施設の設置・運営など ○障害者支援施設など障害者入所施設の設置・運営 ※社会福祉法人に限定されている特別養護老人ホーム等は対象外 〈第2種〉 ○保育所など通所施設の設置運営など ○老人デイサービスセンターなど適所施設の設置・運営など

⑽ 医療法人の非営利性と剰余金配当の禁止規定

　医療法人は医療法を根拠に設立が認められる特別法人です。医療法人の特性として、医療事業の公共性に鑑みて営利性を否定しています。具体的には、医療法第54条で「剰余金配当の禁止」を規定しています。この点で会社法上の株式会社等とは明確に区別されています。

医療法第54条
　医療法人は、剰余金の配当をしてはならない。

　剰余金配当の禁止規定に関連して、医療法では、以下の罰則規定が定められています（医療法93七）。

医療法第93条
　次の各号のいずれかに該当する場合においては、医療法人の理事、監事若しくは清算人又は地域医療連携推進法人の理事、監事若しくは清算人は、これを20万円以下の過料に処する。ただし、その行為について刑を科すべきときは、この限りでない。
　　　　　略
　七　第54条（第70条の14において準用する場合を含む。）の規定に違反して剰余金の配当をしたとき。

　なお、一般の医療法人は、公益法人とは区別されています。これは医療事業が公益事業のような積極的な公益性を要求すべき性格のものではないからです。

(11) 会計年度、事業報告書等の作成・閲覧等

　医療法で、「医療法人の会計年度は、4月1日に始まり、翌年3月31日に終るものとする。ただし、定款又は寄附行為に別段の定めがある場合は、この限りでない（医療法53）。」とされています。従って、医療法人の実情にあった会計年度を定款に定めることができます。

　会計年度が終了した医療法人は、毎会計年度終了後2月以内に、事業報告書、財産目録、貸借対照表、損益計算書、関係事業者との取引の状況に関する報告書などの書類（「事業報告書等」といいます。）を作成しなければなりません（医療法51①。）。事業報告書等は、監事の監査を受けた後、理事会の承認を経て、社員総会に提出されます（医療法51④⑥、51の2①）。社員総会では、貸借対照表と損益計算書の承認を行うとともに事業報告書、財産目録、関係事業者との取引の状況に関する報告書について理事が社員に報告します（医療法51の2③④）。そして、事業報告書等は、毎会計年度終了後3月以内に都道府県知事に届出し、閲覧に供されます（医療法52①②）。都道府県での閲覧請求は誰でも可能で、過去3年間に届出された事業報告書等や定款を閲覧することができます（医療法施行規則33の2②）。

〈参考〉都道府県に提出する財産目録など

様式2　　　　　　　　　　※医療法人整理番号 □ □ □ □

法人名＿＿＿＿＿＿＿＿＿＿＿＿＿＿＿＿

所在地＿＿＿＿＿＿＿＿＿＿＿＿＿＿＿＿

財　産　目　録

（平成　　年　　月　　　日現在）

　　1．資　産　額　　　　　　　　　　×××千円

　　2．負　債　額　　　　　　　　　　×××千円

　　3．純資産額　　　　　　　　　　×××千円

（内　訳）　　　　　　　　　　　　　　（単位：千円）

区　　　　　　　　分	金　　額
A　流　動　資　産 B　固　定　資　産	××× ×××
C　資　産　合　計　　　　　　　（A＋B）	×××
D　負　債　合　計	×××
E　純　資　産　　　　　　　　　（C－D）	×××

（注）財産目録の価額は、貸借対照表の価額と一致すること。

土地及び建物について、該当する欄の□を塗りつぶすこと。
土　　　　　　地（□ 法人所有　□賃借　□部分的に法人所有（部分的に賃借））
建　　　　　　物（□法人所有　□賃借　□部分的に法人所有（部分的に賃借））

診療所のみを経営する医療法人
（医療法人会計基準を
適用していない場合）

法人名＿＿＿＿＿＿＿＿＿＿＿＿＿＿＿

所在地＿＿＿＿＿＿＿＿＿＿＿＿＿＿＿

※医療法人整理番号 ｜　｜　｜　｜

貸借対照表（診療所）

（平成　　年　　月　　　　日現在）

（内　　訳）　　　　　　　　　　　　　　　　（単位：千円）

資　産　の　部		負　債　の　部	
科　　目	金　　額	科　　目	金　　額
Ⅰ　流　動　資　産	×××	Ⅰ　流　動　負　債	×××
Ⅱ　固　定　資　産	×××	Ⅱ　固　定　負　債	×××
1　有形固定資産	×××	（うち医療機関債）	×××
2　無形固定資産	×××	負　債　合　計	×××
3　その他の資産	×××	純　資　産　の　部	
（うち保有医療機関債）	×××	科　　目	金　　額
		Ⅰ　基　　金	×××
		Ⅱ　積　立　金	×××
		（うち代替基金）	×××
		Ⅲ　評価・純資産合計	×××
			×××
			×××
		純　資　産　合　計	×××
資　産　合　計	×××	負債・純資産合計	×××

（注）　経過措置医療法人は、純資産の部の基金の科目の代わりに出資金とするととも
　　　に、代替基金の科目を削除すること。

様式4-2

診療所のみを経営する医療法人
（医療法人会計基準を
適用していない場合）

法人名 ＿＿＿＿＿＿＿＿＿＿＿＿＿＿＿＿

所在地 ＿＿＿＿＿＿＿＿＿＿＿＿＿＿＿＿

※医療法人整理番号 ☐☐☐☐

損　益　計　算　書

（自　平成　　年　　月　　日　至　平成　　年　　月　　日）

（内　　訳）　　　　　　　　　　　　　　　　　　　（単位：千円）

科　　目	金　　額
Ⅰ　事　業　損　益	
A　本来業務事業損益	
1　事　業　収　益	0
2　事　業　費　用	0
本来業務事業利益	0
B　附帯業務事業損益	
1　事　業　収　益	0
2　事　業　費　用	0
附帯業務事業利益	
事　業　利　益	0
	0
Ⅱ　事　業　外　収　益	0
Ⅲ　事　業　外　費　用	0
経　営　利　益	0
Ⅳ　特　別　利　益	0
Ⅴ　特　別　損　失	0
税　引　前　当　期　純　利　益	0
法　　人　　税　　等	0
当　期　純　利　益	0

（注）　1．利益がマイナスとなる場合には、「利益」を「損失」と表示すること。
　　　　2．表中の科目について、不要な科目は削除しても差し支えないこと。

様式5

法人名 _____

所在地 _____

関係事業者との取引の状況に関する報告書

(1) 法人である関係事業者

種類	名称	所在地	総資産額（千円）	事業の内容	関係事業者との関係	取引の内容	取引金額（千円）	科目	期末残高（千円）

(取引条件及び取引条件の決定方針等)

(2) 個人である関係事業者

種類	氏名	職業	関係事業者との関係	取引の内容	取引金額（千円）	科目	期末残高（千円）

(取引条件及び取引条件の決定方針等)

(注)　1．種類は法第51条第1項に定める関係事業者のうち該当する関係を記載する。近親者である場合には続柄を記載する。
　　　2．該当する取引がない場合には、「種類」欄に該当なしと記載する。(様式の提出は必要)

記載例

様式5

法人名　＿＿＿＿＿＿＿＿＿＿＿＿＿＿

所在地　＿＿＿＿＿＿＿＿＿＿＿＿＿＿

関係事業者との取引の状況に関する報告書

・種類の欄には、以下の表中「1 以下の2に掲げる取引を行う者(1)〜(5)」の中から該当する番号及び項目を記入・近親者である場合には続柄も記入

直近の会計期末における資産総

以下の表中「2 当該医療法人と行う取引」(1)〜(6)の中から該当する番号を記入

(1)　法人である関係事業者

	種類	名称	所在地	総資産額（千円）	事業の内容	関係事業者との関係	取引の内容	取引金額（千円）	科目	期末残高（千円）
(2)	当該医療法人の役員又はその近親者（配偶者）が代表者である法人	株式会社A	東京都○○区	500,000	医薬品卸業	医薬品の購入	(1) 医薬品の購入	13,800	買掛金	1,150

（取引条件及び取引条件の決定方針等）株式会社Aからの医薬品の購入に関する取引価格は、市場実勢を勘案して決定し、支払条件は翌月末現金払いとなっております。

(2)　個人である関係事業者

	種類	氏名	職業	関係事業者との関係	取引の内容	取引金額（千円）	科目	期末残高（千円）
(1)	当該医療法人の役員又はその近親者	△△　△△	当法人の理事長	不動産の賃借	(1) 賃料の支払い	18,000	前払費用	1,500

（取引条件及び取引条件の決定方針等）
月額家賃は1,500千円、当月分を前月末に振込にて支払、家賃の設定は周辺取引事例を参考に決定いたしました。

(注)　1．種類は法第51条第1項に定める関係事業者のうち該当する関係を記載する。近親者である場合には続柄を記載する。
　　　2．該当する取引がない場合には、「種類」欄に該当なしと記載する。（様式の提出は必要）

※　関係事業者とは、当該医療法人と2に掲げる取引を行う場合における1に掲げる者をいいます。

1　以下の2に掲げる取引を行う者

（1）当該医療法人の役員又はその近親者
（配偶者又は二親等内の親族）

> 種類の欄に、(1)〜(5)の中から該当する項目を記入

（2）当該医療法人の役員又はその近親者が代表者である法人

（3）当該医療法人の役員又はその近親者が株主総会、社員総会、評議員会、取締役会、理事会の議決権の過半数を占めている法人

（4）他の法人の役員が当該医療法人の社員総会、評議員会、理事会の議決権の過半数を占めている場合の他の法人

（5）（3）の法人の役員が他の法人（当該医療法人を除く。）の株主総会、社員総会、評議員会、取締役会、理事会の議決権の過半数を占めている場合の他の法人

> 取引の内容の欄に、(1)〜(6)の中から該当する項目を記入

2　当該医療法人と行う取引

（1）事業収益又は事業費用の額が、1千万円以上であり、かつ当該医療法人の当該会計年度における事業収益の総額（本来業務事業収益、附帯業務事業収益及び収益業務事業収益の総額）又は事業費用の総額（本来業務事業費用、附帯業務事業費用及び収益業務事業費用の総額）の10パーセント以上を占める取引

（2）事業外収益又は事業外費用の額が、1千万以上であり、かつ当該医療法人の当該会計年度における事業外収益又は事業外費用の総額の10パーセント以上を占める取引

（3）特別利益又は特別損失の額が、1千万円以上である取引

⑷　資産又は負債の総額が、当該医療法人の当該会計年度の末日における総資産の１パーセント以上を占め、かつ１千万円を超える残高になる取引

⑸　資金貸借、有形固定資産及び有価証券の売買その他の取引の総額が、１千万円以上であり、かつ当該医療法人の当該会計年度の末日における総資産の１パーセント以上を占める取引

⑹　事業の譲受又は譲渡の場合、資産又は負債の総額のいずれか大きい額が、１千万円以上であり、かつ当該医療法人の当該会計年度の末日における総資産の１パーセント以上を占める取引

〈留意点〉関係事業者との取引の状況に関する報告書

　関係事業者との取引の状況に関する報告書には、役員に対する報酬、賞与、退職慰労金の記載は必要ありません。また、一般競争入札による取引など取引条件が一般の取引と同様であることが明白な取引も記載は必要ありません。

　※記載が必要となる例

> ・理事長が医療法人から資金の貸付等を受けており、期末の残高が１千万円超で、かつ、総額が総資産の１％以上を占める場合
> ・理事長の親族が役員を務める営利法人（MS法人）に支払った業務委託費が１千万円以上で、かつ、事業費用の総額の10％以上を占める場合

　記載された取引については、剰余金の配当禁止（医療法54）の視点で、監督官庁のチェックがされることになります。

⑿　改正された法人契約の生命保険の取扱い

　個人開業の医師・歯科医師が医療法人化するメリットの一つに法人契約の生命保険の活用による課税の繰延べが挙げられていました。

　具体的には、医療法人を契約者及び保険金受取人とし、役員を被保険者とする定期保険契約等を締結して保険料を支払った場合には、保険料の全部又は一部が損金となり法人の利益が圧縮されて法人税等が少なくなるというものです。このような生命保険では、解約時の解約返戻率が高く設定されているものが多くあり、解約返戻金を役員退職給与の支給等に充当できるように設計し、計画的に課税の繰り延べを受けるスキームが多く用いられていました。特に、中小企業向けに販売された全額損金算入型の保険は、税の軽減効果が大きく、かつ、解約返戻率も高かったため、税効果を勘案すると100％を超える効果が見込めるとして高い

人気を誇っていました。

〈生命保険の活用イメージ〉

医療法人の理事長の事業承継に備えて生命保険契約を締結し、役員退職
金の支払いに備える。

○被保険者…理事長

○契約者…医療法人

○保険金受取人…医療法人

○定期保険等で、理事長の退職時期に解約返戻率が90%超となる生
　命保険を選択する。

```
┌─────────┐      ┌──────────────────┐      ┌─────────┐
│          │ ───→ │  ①保険料支払        │ ───→ │          │
│          │      │ (損金算入、法人税等が減少) │      │ 生命保険  │
│  医療法人 │      └──────────────────┘      │   会社   │
│          │      ┌──────────────────┐      │          │
│          │ ←─── │  ②理事長退職時に解約して │ ←─── │          │
│          │      │   返戻金を受取る (収入)  │      │          │
└─────────┘      └──────────────────┘      └─────────┘
   │
   │   ┌──────────────────────────┐
   └─→ │  ③退職給与の支払              │
       │ (適正な金額であれば損金算入される) │
       └──────────────────────────┘
              │
              └─→ ④退職金の受取り
          ┌─────────────────────┐
          │        理事長         │
          └─────────────────────┘
```

法人が税効果を期待して活用してきた損金型の生命保険等について、これが行き過ぎた税対策と問題視した課税当局は、次のように、解約返戻率等の実態に則した課税上の取り扱いに改める措置を講じました。

□対象となる保険
　・定期保険（長期平準定期保険、逓増定期保険等）
　・第三分野（医療保険、がん保険等）
□適用開始日
　・令和元年7月8日以後に新たに契約する保険契約にかかる保険料について適用する。
□主な取扱い（最高解約返戻率が50％超の保険料の取扱い）
・50％超70％以下……（保険期間の前半4割）40％資産計上
　　　　　　　　　　　（保険期間の後半6割）100％損金
・70％超85％以下……（保険期間の前半4割）60％資産計上
　　　　　　　　　　　（保険期間の後半6割）100％損金
・85％超……（開始から10年）最高解約返戻率×90％資産計上
　　　　　　　※たとえば、最高解約返戻率が90％なら81％を資産計上
　　　　　　　（11年目〜）最高解約返戻率×70％資産計上
　　　　　　　※たとえば、最高解約返戻率が90％なら63％を資産計上
□改正後も全額保険料の損金算入が認められる定期保険等
　・保険期間が3年未満のもの
　・最高解約返戻率が50％以下のもの
　・最高解約返戻率が70％以下、かつ、一被保険者あたりの年換算保険料が30万円以下のもの

2 納税猶予を選択し、5年経過後に 医療法人化する場合の留意点

　個人事業の承継に際し、贈与税の納税猶予又は相続税の納税猶予を活用した場合で、納税猶予の対象とされた事業用資産を現物出資して会社設立をしたときは、納税地の所轄税務署長の承認を受けることを要件に次のとおり納税猶予は継続されます。

〈承継から5年経過後に会社設立した場合の取扱い〉

> 　特例受贈事業用資産（又は特例事業用資産）が特例事業受贈者（又は特例事業相続人等）の事業の用に供されなくなった場合で、その理由が特定申告期限の翌日から5年を経過する日後の会社の設立に伴う現物出資による全ての特例受贈事業用資産（又は特例事業用資産）の移転であるときは、納税地の所轄税務署長の承認を受けることを要件に次のとおり取り扱われる（措法70の6の8⑥、措法70の6の10⑥）。
> (1)　承認された特例受贈事業用資産（又は特例事業用資産）の移転はなかったものとみなされ、贈与税（又は相続税）の納税猶予は継続される。
> (2)　現物出資により取得した株式又は持分を納税猶予の適用を受ける特例受贈事業用資産（又は特例事業用資産）とみなす。

　ところで、この取扱いでは、現物出資して設立されるのは「会社」とされています。医療法人は「法人」ですが、会社には該当しません。また、「現物出資により取得した株式又は持分を納税猶予の適用を受ける特

例受贈事業用資産（又は特例事業用資産）とみなす。」とされていますが、医療法人の新規設立はすべて「持分なし」となるため、現物出資により持分を取得することもできません。

　たとえば、個人開業の先代院長（父）から事業承継した後継院長（子）がその事業を医療法人化する場合には、特例受贈事業用資産（又は特例事業用資産）を基金拠出することはできますが、基金は劣後債であり、持分ではありません。また、医療法人化する際には、個人で開設管理している診療所を廃止し（個人事業の廃止）、医療法人立の診療所を新規で開設します。この個人事業の廃止により贈与税や相続税の納税猶予は打ち切りとされ、２月を経過する日が納税猶予期限となり、猶予税額の全額と利子税を併せて納付することが必要となります（措法70の6の8③、70の6の10③）。

　個人開業の医師・歯科医師が、事業承継に際し納税猶予の適用を受ける場合には、将来、医療法人化した際に猶予税額の全額と利子税の納付が生じることを念頭において判断することが必要となります。

第9章

事業承継に役立つ対策編

1 相続法の改正と遺言書の活用

　個人開業の医師・歯科医師で、事業用資産が相続財産の大半を占める場合の遺産分割は、法定相続分どおりとはいかず、事業承継する相続人（後継者）と他の相続人との間で争いが生じる可能性があります。円滑な事業承継、円満な相続手続きのためには遺言書の活用が効果的と考えられます。なお、平成30年7月に、約40年ぶりとなる相続に関する民法等の規定（いわゆる相続法）の改正が行われて、自筆証書遺言の方式緩和などがされています。

(1)　**遺言書とは**

　遺言書とは、相続を円満に終えるために被相続人が遺産に関する指示を残した最後の意思表示書面です。その遺言書が有効である場合は、相続人はその遺言に従って相続手続きを行うことになり、遺産分割の争いを未然に防ぐことが可能となります。

(2)　**遺言の種類について**

　代表的な遺言の種類は、「自筆証書遺言」と「公正証書遺言」です。自筆証書遺言は、自筆の遺言書で誰でも気軽に作成が可能で費用もかかりません。

　公正証書遺言は、公証人（裁判官や検察官等の経験者）が遺言内容を聞取り遺言書を作成します。内容の不備によって遺言が無効になることや偽造の恐れがないため、確実に遺言書を作成したい場合などに多く利用されています。ただし、費用が必要となります。

〈自筆証書遺言と公正証書遺言〉

	自筆証書遺言	公正証書遺言
作成方法	本文は自分で書いて作成 ※財産目録をパソコンで作成し、預金通帳の写しを添付も可とされている。	公証人が作成
費用	発生しない。(保管申請などは必要)	公証役場手数料等
証人	不要	二人必要
保管	本人等が保管 ※保管申請制度が創設された（令和2年7月10日施行）。	公証役場が原本を保管、写しは本人等が保管
紛失・変造	ある（保管申請により対応可能となる。）。	紛失の場合は再発行。 変造の可能性はない。
裁判所の検認	必要（遺言書保管所にあるものは不要）	不要
メリット	①簡単に作成できる。 ②費用がかからない。 ③書き直しが容易。 ④保管申請制度の施行後は、相続紛争の防止に役立つ。	①検認が不要。 ②無効な遺言書になる恐れがない。 ③紛失しても再発行可能。
デメリット	①遺言の要件を満たしていないと無効。 ②遺言書が発見されない可能性がある。 ③検認が必要（保管所にあるものは不要）。	①費用がかかる。

　平成 30 年 7 月、約 40 年ぶりに相続法が改正され、自筆証書遺言の方式が緩和されると共に、法務局における自筆証書遺言の保管制度を内容とする「遺言書保管法」が成立しました。これにより、自筆証書遺言の利用促進と相続紛争の防止が図られることになります。

　まず、自筆証書遺言方式の緩和です。従来は、自筆証書遺言は財産目録を含めてその全文を自書する必要がありました。改正後は、財産目録をパソコンで作成し、預金通帳の写しを添付することも可とされました。ただし、遺言書の本文は手書きする必要があります。この改正は平成 31 年 1 月 13 日に施行されています。また、遺言書保管法により、自筆証書遺言を作成した者が法務大臣が指定する法務局（遺言書保管所）に遺言書の保管申請をすることができるようになります。手続きは遺言者本人が法務局で行う必要があります。遺言者の死亡後、相続人等は、全国の遺言書保管所で保管の有無を調べたり、写しの交付請求をしたり、閲覧することができます。保管されている遺言書は家庭裁判所の検認は不要です。令和 2 年 7 月 10 日に施行されます。

〈自筆証書遺言の保管制度〉

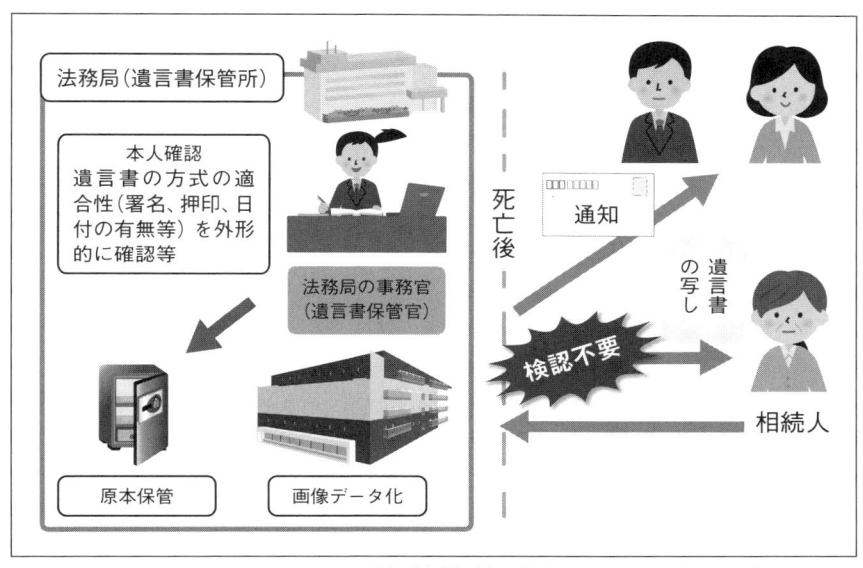

(出典)「相続に関するルールが大きく変わります
（法務省作成パンフレット）」より抜粋

　なお、遺言書の保管申請、遺言書の閲覧請求、遺言書情報証明書（遺言書の画像情報等を用いた証明書）や遺言書保管事実証明書（法務局で遺言書が保管されているか否かを証明する書面）の交付請求をするには手数料が必要となります。具体的な金額は決まっていませんが、施行日までには明らかにされます。

⑷　改正により見直された遺留分制度

　遺言書を作成する際の注意点は、遺留分です。民法では、被相続人の兄弟姉妹以外の相続人に対して最低限の相続割合を定めています。この最低限の相続割合を遺留分といいます。

遺留分割合は、遺産の２分の１（ただし直系尊属のみが相続人の場合は遺産の３分の１）とされています。相続人（兄弟姉妹以外）が複数いる場合の各相続人の遺留分は、全体の遺留分に相続人の法定相続分を掛けたものとなります。

〈具体例〉

・相続人：長男、長女

・全体の遺留分割合：遺産の２分の１

・法定相続割合：長男２分の１、長女２分の１

・各相続人の遺留分割合：遺産の４分の１（全体の遺留分割合×法定相続割合）

　たとえば、個人開業の医師・歯科医師が「事業用不動産を後継者である長男に相続させる」と遺言した結果、長女が遺留分（長女の遺留分は遺産の４分の１）を侵害され、遺留分減殺請求権を行使した場合には、長男は遺留分相当額を長女に返還することになります。従って、遺言書を作成する場合には、相続人の遺留分に対する配慮は必要不可欠となります。

　ところで、従来は、上記のような場合に、遺留分減殺請求によって事業用不動産が複雑な共有状態となり事業承継に支障を来す場合があると指摘されてきました（〈図表①〉参照）。

〈図表①：改正前の遺留分制度と問題点〉

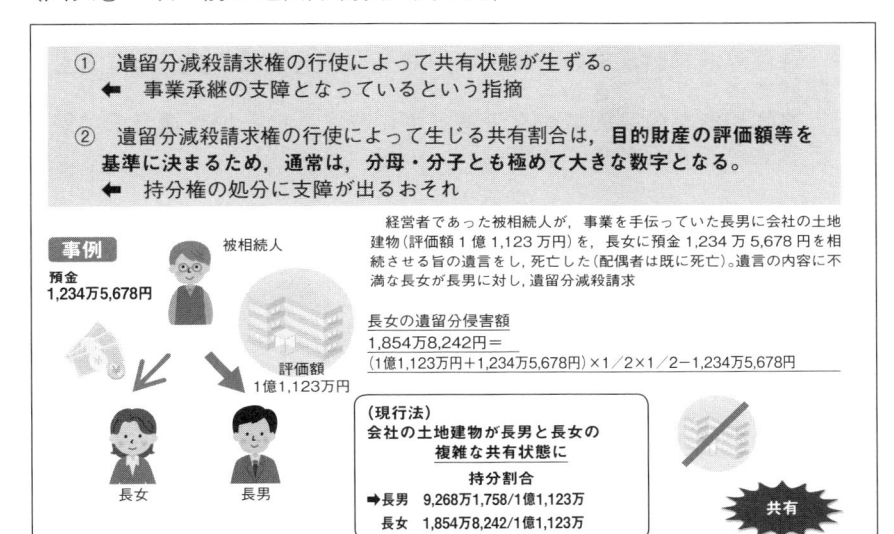

① 遺留分減殺請求権の行使によって共有状態が生ずる。
　← 事業承継の支障となっているという指摘

② 遺留分減殺請求権の行使によって生じる共有割合は，目的財産の評価額等を基準に決まるため，通常は，分母・分子とも極めて大きな数字となる。
　← 持分権の処分に支障が出るおそれ

事例

被相続人

預金
1,234万5,678円

評価額
1億1,123万円

長女　　　長男

経営者であった被相続人が，事業を手伝っていた長男に会社の土地建物（評価額1億1,123万円）を，長女に預金1,234万5,678円を相続させる旨の遺言をし，死亡した（配偶者は既に死亡）。遺言の内容に不満な長女が長男に対し，遺留分減殺請求

長女の遺留分侵害額
1,854万8,242円＝
（1億1,123万円＋1,234万5,678円）×1／2×1／2－1,234万5,678円

（現行法）
会社の土地建物が長男と長女の複雑な共有状態に
持分割合
➡長男　9,268万1,758／1億1,123万
　長女　1,854万8,242／1億1,123万

共有

（出典）「相続に関するルールが大きく変わります（法務省作成パンフレット）」より抜粋

　これが相続法の改正により、令和元年7月1日以降、遺留分を侵害された者は、遺贈や贈与を受けた者に対して遺留分侵害額に相当する「金銭」の請求をすることができるようになり、また、金銭を直ちに準備することができない場合には、裁判所に対して支払期限の猶予を求めることができるようになりました（〈図表②〉参照）。これにより、遺贈等の目的財産を受遺者等（例えば後継者）に渡したいという遺言者の意思を尊重することができ、かつ、事業承継等を円滑に行うことが可能となります。

〈図表②：令和元年7月1日以降の取り扱い〉

① 　遺留分減殺請求権の行使により<u>共有関係が当然に生ずること</u>を<u>回避</u>することができる。
② 　遺贈や贈与の目的財産を受遺者等に与えたいという<u>遺言者の意思を尊重</u>することができる。

（改正後）
遺留分減殺請求によって生ずる権利は<u>金銭債権</u>となる。
同じ事例では，長女は長男に対し，
　　　　　　1,854万8,242円　請求できる。

単独所有

金銭請求

（出典）「相続に関するルールが大きく変わります
（法務省作成パンフレット）」より抜粋

2　経営承継円滑化法による遺留分特例

　遺留分の問題に対処するため、経営承継円滑化法には、「遺留分に関する民法の特例」が規定されています。民法特例は、個人版事業承継税制の創設前は会社のみの措置でしたが、新税制創設後は、個人事業者の生前贈与の促進という効果が十分に発揮されるよう対象が個人事業者に拡大され、相続人全員の合意が得られれば、簡便な手続きで後継者に生前贈与された事業用資産を遺留分算定の財産から除外することができることとされました。

1　除外合意

　推定相続人が複数いる場合、後継者に事業用資産を集中して承継させようとしても、遺留分を侵害された相続人から、遺留分相当の金額の支払いを求められた結果、事業用資産が分散するなど、事業承継の妨げとなることが予想されます。そこで、経営承継円滑化法の遺留分に関する民法特例を活用し、後継者と先代経営者の推定相続人全員の合意のうえで、後継者に先代経営者から贈与等された事業用資産について、遺留分算定基礎財産から除外（除外合意）し、円滑な事業承継の実現を図ることができます。

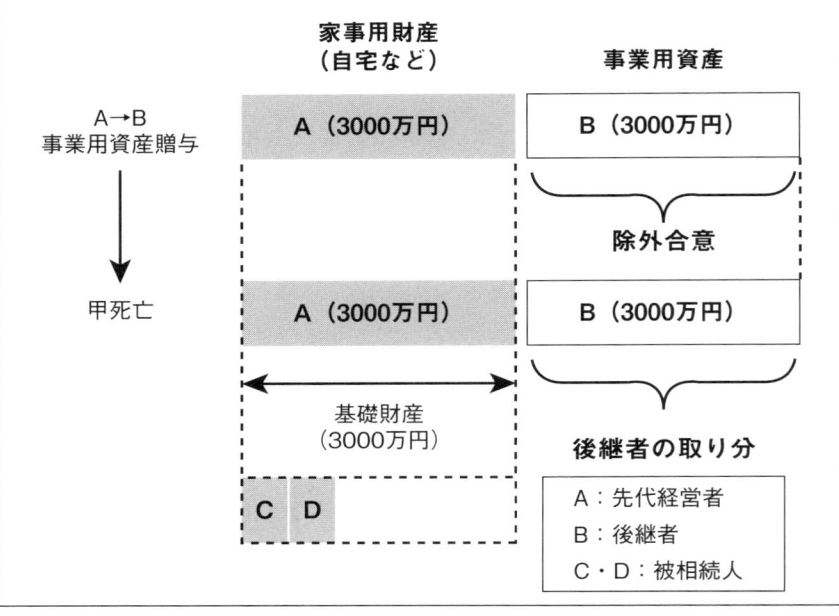

除外合意とは

　後継者が現経営者から贈与等によって取得した事業用資産について、他の相続人は遺留分の主張ができなくなるので、相続紛争のリスクを抑えつつ、後継者に対して集中的に事業用資産を承継させることができます。

家事用財産
（自宅など）　　　　**事業用資産**

A→B
事業用資産贈与

| A（3000万円） | B（3000万円） |

除外合意

甲死亡

| A（3000万円） | B（3000万円） |

基礎財産
（3000万円）

後継者の取り分

C　D

A：先代経営者
B：後継者
C・D：被相続人

（出典）中小企業庁「遺留分に関する民法特例のポイント（個人事業者向け）」より

　なお、会社向けには、「固定合意」という民法特例がありますが、個人事業者向けには固定合意の特例はありません。

2　活用時の手続き

　除外合意の民法特例を利用するには、適用要件を満たしたうえで、「後継者及び推定相続人全員の合意」を得て、1月以内に後継者が申請して「経済産業大臣の確認」を受け、その後、後継者が「家庭裁判所の許可」を受けることが必要となります。

(1)　後継者及び推定相続人全員の合意

　民法特例を利用するためには、後継者（個人事業後継者）と先代経営者（旧個人事業者）の推定相続人全員（遺留分を有する者に限られます。）で合意をし、合意書を作成することが必要となります。合意書の主な記載事項は次のとおりです。

〈合意書の主な記載事項〉
①　合意が後継者の経営の承継の円滑化を図ることを目的とすること。

②　後継者が現経営者から贈与等により取得した自社株式・事業用資産について、遺留分の計算から除外する旨（除外合意）、又は、遺留分の計算に算入すべき価額を固定する旨（固定合意。会社の経営の承継の場合のみ可。）

③　後継者が代表者でなくなった場合などに、後継者以外の者がとれる措置。

④　必要に応じ、推定相続人間の衡平を図るための措置。

（出典）中小企業庁「事業承継を円滑に行うための遺留分に関する民法特例」より

後継者（個人事業後継者）と先代経営者（旧個人事業者）の主な要件は次のとおりとなります。

〈個人事業後継者と旧個人事業者の主な要件〉

個人事業の承継の場合	
①旧個人事業者	・合意時点において3年以上継続して事業を行っている個人事業者であること。 ・後継者に事業の用に供している事業用の全てを贈与したこと。
②個人事業後継者	・中小企業者であること。 ・合意時点において個人事業者であること。 ・現経営者からの贈与等により「事業用資産」を取得したこと。

（出典）中小企業庁「事業承継を円滑に行うための遺留分に関する民法特例」より

(2)　経済産業大臣の確認

　後継者は、上記(1)の合意をした日から1月以内に「遺留分に関する民法の特例に係る確認申請書」に必要書類を添付して経済産業大臣に申請し、確認を受ける必要があります。

　申請の際の主な作成書類と添付書類は次のとおりです。

主な作成書類及び添付書類 （提出先：経済産業省　中小企業庁　事業環境部　財務課）	
主な作成書類	主な添付書類
□確認申請書 □確認証明申請書 　※確認証明書は家庭裁判所の許可申立てにおける添付書類となります。大臣確認の申請に際して同時に申請しておくと、確認書と同時に交付が受けられます。 □合意書	□印鑑証明書 　※後継者分を提出しない場合は、後継者の住民票の写しを併せて提出 □現経営者、推定相続人全員及び後継者の戸籍謄本若しくは抄本又は法定相続情報一覧図 　※現経営者については、原則、出生日から合意日までの連続した戸籍（除籍、改製原戸籍）謄本が必要です。ただし、全ての戸籍の取得が困難な場合はお問合せください。 □認定支援機関の確認書 　※合意の対象とした事業用資産が、贈与の直前まで先代経営者の事業の用に供されていたこと及びその資産を後継者が事業の用に供することの確認 □現経営者の3年分の確定申告書

　※　戸籍謄本等については、家庭裁判所の許可申立てにおいても添付書類とされているため、経済産業大臣に対して確認の申請をする際には、その原本の還付を受けておくことをおすすめします。

（出典）中小企業庁「遺留分に関する民法特例のポイント（個人事業者向け）」より

　経済産業大臣は以下の点を確認し、充足していれば確認書を交付します。

・当該合意が経営の承継の円滑化を図るためになされたこと。

・申請者が後継者の要件に該当すること。

・後継者が経営者でなくなった場合などに後継者以外の者が取れる措置の定めがあること。

(3)　家庭裁判所の許可

　経済産業大臣の確認書の交付を受けた後継者は、確認を受けた日から1月以内に家庭裁判所に申立書に必要書類を添付して申立てをし、許可を受ける必要があります。家庭裁判所は、合意が当事者全員の真意によるか否かを確認し、真意と認められる場合には許可します。

　（注）　家庭裁判所は先代経営者の住所地の家庭裁判所となります。

〈生前贈与から合意の効力発生まで〉

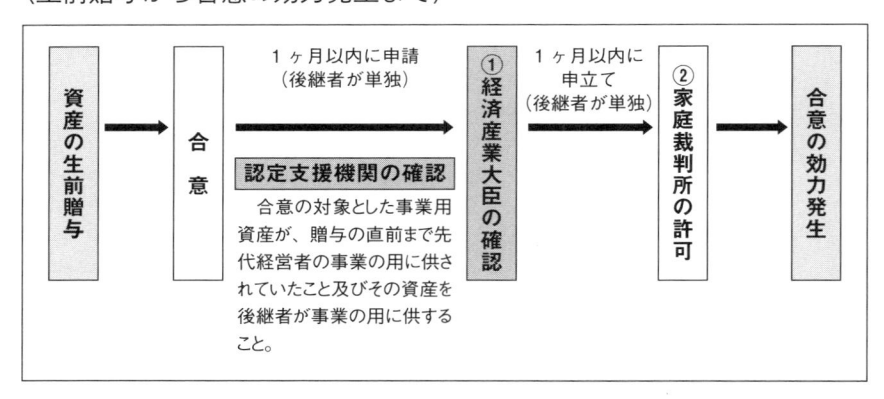

（出典）中小企業庁「遺留分に関する民法特例のポイント（個人事業者向け）」より

3　対象資産と特例が利用可能なケース

個人事業者が民法特例を活用する際に対象となる「事業用資産」とは、

① **先代事業者の事業※の用に供されていた資産で、**

② **先代事業者の贈与又は相続開始の年の前年分の事業所得に係る青色申告書の貸借対照表に計上されているもの**をいいます。

　※　不動産貸付業、駐車場業及び自転車駐車場業を除きます。（ただし、下宿等のように部屋を使用させるとともに食事を供する事業は、対象に含まれます。）

1. 対象となる資産

○工作機械

1. 宅地等

　贈与の直前において贈与者（被相続人）の事業の用に供されていた土地又は土地の上に存する権利で、建物又は構築物の敷地の用に供されているもののうち、棚卸資産に該当しないもの

2. 建物

　贈与の直前において贈与者（被相続人）の事業の用に供されていた建物で棚卸資産に該当しないもの

3. 減価償却資産

　・固定資産税（償却資産）が課税される償却資産（構築物、機械装置、器具備品、船舶など）
　・自動車税又は軽自動車税において、営業用の標準税率が適用される自動車
　・その他上記に準ずるもの
　（貨物運送用の一定の自動車、乳牛等の生物、特許権等の無形減価償却資産）

○診療機械

2. 民法特例が利用可能なケース

・個人事業者の方が遺留分に関する民法特例を利用するためには、事業用資産の全部を贈与する必要があります。

・例えば、贈与の対象となる事業用資産の全部または一部が数人の共有に属する場合は、その有していた共有持分の全部を贈与する必要があります。

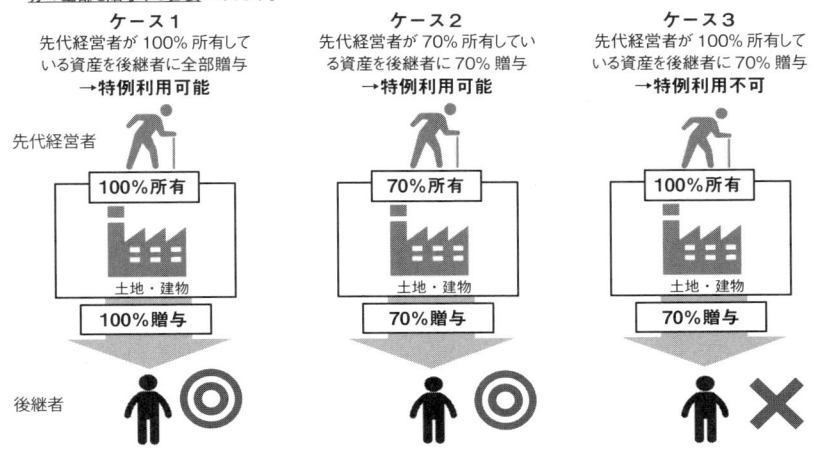

（出典）中小企業庁「事業承継を円滑に行うための遺留分に関する民法特例」より

〈コラム：主な民法（相続法）の改正項目〉

　高齢化の進展によって社会経済が変化するなか、平成 30 年 7 月、約 40 年ぶりに相続に関する民法等の規定（いわゆる相続法）を見直す改正法が成立しました。改正法は一部を除き令和元年 7 月 1 日から施行となります。

（主な改正内容その１）　相続後の配偶者の生活への配慮等

○ (1)被相続人の配偶者であること、(2)その配偶者が被相続人所有の建物に相続開始の時に居住していたこと、(3)遺産分割・遺贈・死因贈与・家庭裁判所の審判のいずれかで取得したこと、この 3 要件を満たす場合には「配偶者居住権」が成立し、配偶者は、相続開始の時に居住していた被相続人所有の建物に終身又は一定の期間住み続けることが可能となります。平成 31 年度税制改正で相続税を計算する際の配偶者居住権（建物部分）とその敷地の利用権の評価方法が明らかにされましたが、居住用建物及びその敷地の評価額を該当部分とそれ以外に分ける評価法となるため、たとえば、子に建物と敷地の所有権を相続させ、配偶者は配偶者居住権とその敷地利用権を相続することによって、相続後の配偶者の居住の安定を図りつつ、遺産分割において、従来よりも配偶者が金融資産を多めに相続することが可能となりました。なお、配偶者居住権は譲渡できません。また、いわゆる内縁の妻には認められません。令和 2 年 4 月 1 日施行となります。

○婚姻期間 20 年以上の夫婦間における居住用不動産の贈与等に関する優遇措置も改正に盛り込まれました。たとえば、夫（被

相続人）が妻に居住用不動産を生前贈与していた場合、原則、
遺産の先渡しをしたものとして遺産分割を行うとされています
が、改正により、原則、「遺産の先渡し」という取扱いは不要と
され、遺産分割時により多くの財産取得が可能となります。

（主な改正内容その２）　預貯金の払戻し制度創設

　生活費や葬儀費用の支払、相続債務の弁済などの資金需要がある
場合でも、遺産分割終了時までは被相続人の預金の払戻しはできな
いとされてきました。改正により、各相続人は遺産分割が終わる前
でも一定の範囲で預貯金の払戻しを受けることができるようになり
ます（〈図表：預貯金の払戻し制度の創設〉参照）。

〈図表：預貯金の払戻し制度の創設〉

遺産分割における公平性を図りつつ，相続人の資金需要に対応できるよう，預貯金の払戻し制度を設ける。
(1) 預貯金債権の一定割合（金額による上限あり）については，家庭裁判所の判断を経なくても金融機関の窓口における支払を受けられるようにする。
(2) 預貯金債権に限り，家庭裁判所の仮分割の仮処分の要件を緩和する。

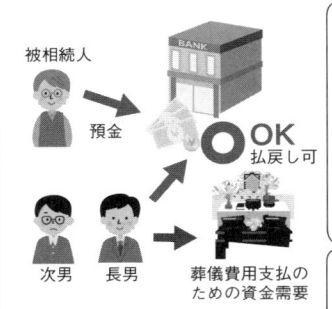

被相続人

預金

次男　長男　葬儀費用支払のための資金需要

○OK
払戻し可

(1)　家庭裁判所の判断を経ずに払戻しが受けられる制度の創設
　遺産に属する預貯金債権のうち，一定額については，単独での払戻しを認めるようにする。
（相続開始時の預貯金債権の額（口座基準））×1／3×（当該払戻しを行う共同相続人の法定相続分）＝単独で払戻しをすることができる額
（例）　預金 600 万円　→　長男 100 万円払戻し可
※ただし，1 つの金融機関から払戻しが受けられるのは150万円まで。

(2)　保全処分の要件緩和
　仮払いの必要性があると認められる場合には，他の共同相続人の利益を害しない限り，家庭裁判所の判断で仮払いが認められるようにする。（家事事件手続法の改正）

（出典）「相続に関するルールが大きく変わります（法務省作成パンフレット）」
より抜粋

（主な改正内容その3）　特別寄与制度の創設

　嫁が義父の介護に尽くしても、嫁は相続人ではないため相続財産を取得することはできません。そこで、相続人以外の被相続人の親族（たとえば嫁）が、無償で被相続人（たとえば義父）の療養看護等を行った場合には、(嫁が) 相続人に対して金銭の請求をすることができる「特別寄与制度」が創設されました。これにより、義父の介護等に尽くした嫁の貢献に報いるなどの途が開かれ、実質的な公平が図られることに繋がります。

3　代償分割の活用

　遺言書がない場合には、相続人は遺産分割協議を行い、誰が何を相続するかを決めることになります。遺産の分割方法には、「現物分割」、「代償分割」、「換価分割」、「共有分割」などがあります。

　分割に際して、個人事業の承継者である特定の相続人が、遺産の大半を占める事業用資産を相続する場合には、その者とその他の相続人との間で大きな不平等が生じてしまうことになります。このようなケースで「代償分割」が効果を発揮する場合が考えられます。

⑴　代償分割とは

　代償分割とは、共同相続人又は包括受遺者のうちの1人又は数人が相続、遺贈により遺産を現物で取得し、その現物を取得した者が、他の共同相続人又は包括受遺者に対して債務を負担する方法をいいます。

　代償分割の活用は、遺産取得者が他の共同相続人等に対して代償する金銭等の支払能力があることが実行のポイントとなります。

〈具体例〉

・被相続人　　　　先代院長（個人開業医）

・相続人　　　　　長男（後継者である医師）、長女（他家へ嫁いでいる。）

・相続財産　　　　事業用資産（評価額6億円）、その他の財産（評価額4億円）

・法定相続割合　　長男2分の1、長女2分の1

⑴ **遺産分割で問題となるケース**

　長男（後継者）……事業用資産6億円を相続

　長女……その他の財産4億円を相続

（課税価格表）

	長男	長女
分割財産の価額	6億円	4億円
課税価格	6億円	4億円

> 本来取得することができる法定相続分5億円（全遺産10億円×法定相続割合1／2）に満たない。

⑵ **代償分割を活用したケース**

　長男（後継者）……事業用資産6億円を相続し、かつ、代償分割により金銭1億円を長女に支払うこととする。

　長女……その他の財産4億円を相続し、代償分割で金銭1億円を長男から受け取ることとする。

（課税価格表）

	長男	長女
分割財産の価額	6億円	4億円
代償分割金	△1億円	1億円
課税価格	5億円	5億円

　「代償分割」の活用は、医業承継に有効となるが、長男には代償金の支払いという債務が伴うため、十分な検討と合意形成が必要となる。

4 信託の活用

　長寿社会の今日において、認知症により本人の意思能力が低下すると一切の法律行為（財産の処分、贈与等）を行う事ができなくなります。近年、その認知症の備えとして注目を集めているのが「信託」です。特に親の財産を子が管理するのに適している「家族信託」は注目されています。

(1)　信託の仕組み

　信託の仕組みは、委託者（財産の所有者）が信託契約等によって受託者に対してその財産の所有権を移転し、受託者は委託者との契約で決めた一定の目的にしたがってその財産を管理・運用・処分し、その財産から得た利益を受益者に分配する仕組みとなっています。信託できる財産は金銭（預貯金など）、有価証券、金銭債権、不動産などとなります。

〈信託・委託者・受託者・受益者〉

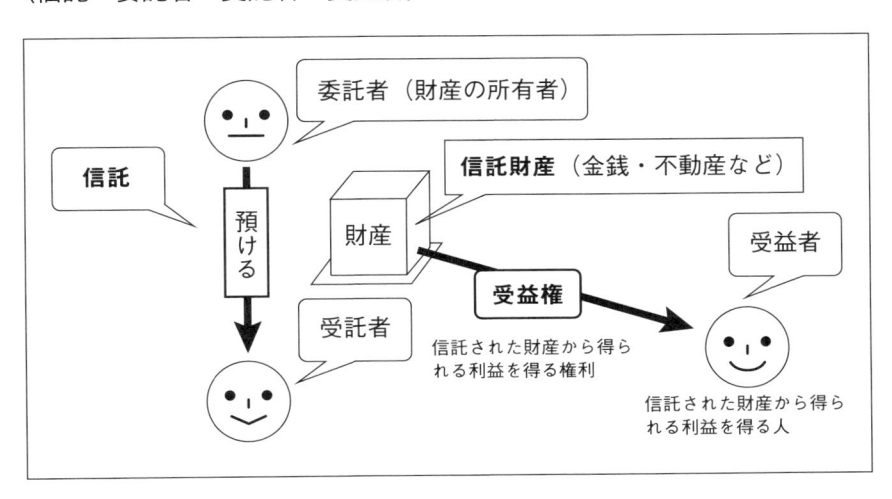

⑵ 他益信託と自益信託

　委託者本人が受益者となる信託を「自益信託」と呼び、委託者以外の者が受益者である信託を「他益信託」と呼びます。自益信託の場合は、委託者と受益者が同一人物であるため経済的価値が移転せず贈与税の課税はされません。これに対し、他益信託は、経済的価値が委託者から受益者に移転しているため贈与税の課税がされます。

〈自益信託〉

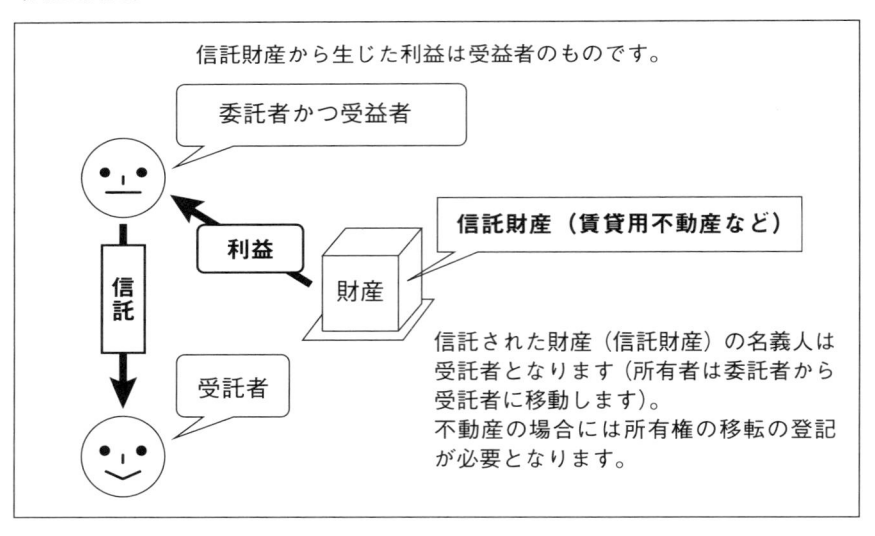

〈他益信託〉

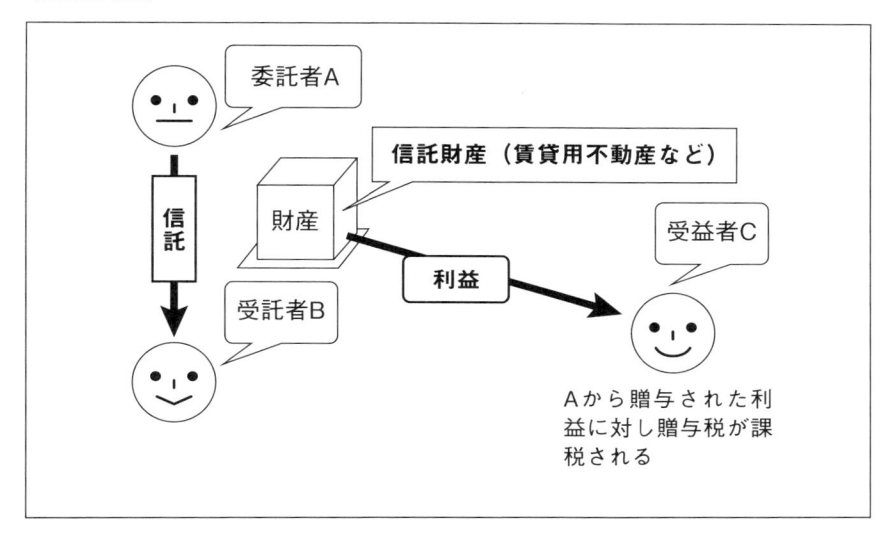

(3)　家族信託の活用

　信託のうち、家族内で行う信託のことを「家族信託」といいます。家族信託は、家族の財産を適切に管理して、本人や家族のために活用し、承継させたい者に承継させる仕組みとなっています。例えば、親が高齢で認知症となり、意思能力が無くなった場合には後見人を付けなければ財産の管理や処分ができなくなります。そこで、家族信託を利用することで、親の財産を預かり、親に代わって財産を管理、処分することが可能となります。

　家族信託の主なメリットは次のように考えられます。

① 　親の財産管理を子が容易に行うことができる（信託後に認知症になった場合でも可）。

② 　遺言書の代用となる。たとえば、財産の所有者本人が生存中は本人

を受益者とし、死亡後は配偶者を受益者に設定することが可能である。

③ 受益者連続型信託が可能である。たとえば、財産の所有者本人が生存中は本人を受益者とし、死亡後は配偶者を受益者とし、配偶者が死亡後は長男を受益者とする等、生前に将来の受益者を指定することができる。

〈活用例〉

高齢の父（個人開業の先代院長）は長男（後継者）に贈与税の納税猶予を活用して事業承継した。その際、父名義の賃貸用不動産を認知症などのリスクを考慮して長男に信託（家族信託）し、受益者を父とした。

※ 受託者である長男はその賃貸用不動産の管理を行う。不動産収入は受益者である父の所得となる。自益信託のため贈与税課税はされない。万一、父が認知症になった場合でも受託者である長男が不動産を売却することや適切な相続（税）対策を行うことが可能となる。

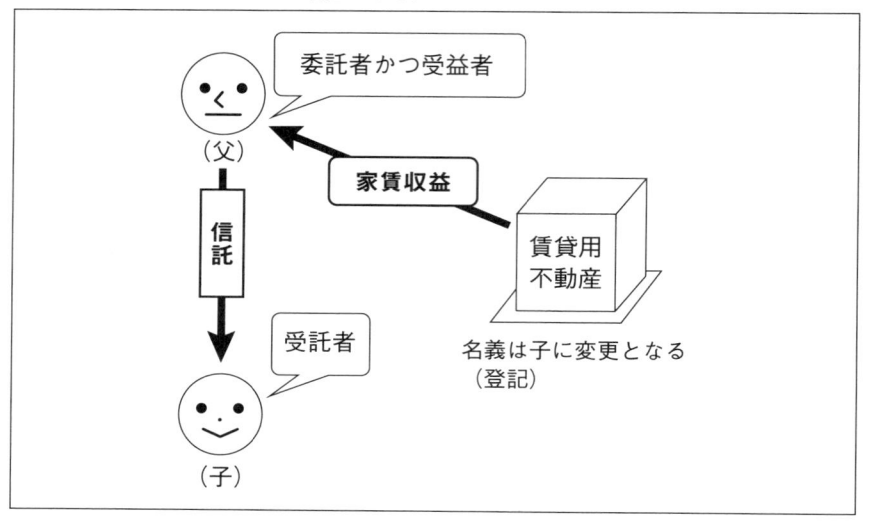

5　教育資金の一括贈与非課税措置

　親族間での教育資金贈与は、従来より、「必要な都度」支払う場合は贈与税が非課税とされていました（相法21の3①二）。たとえば、孫が私立大学の医学部に入学する際、入学金と授業料を祖父が直接大学の口座に振り込みにより支払った場合などが該当します。

　平成25年度の税制改正では、直系尊属からの教育資金贈与について、1,500万円までの「一括贈与」も一定条件を満たす場合には非課税とされる特例措置が設けられました。平成31年度税制改正により適用期限が令和3年3月31日まで2年間延長されています。

(1)　制度の概要

　平成25年4月1日から令和3年3月31日までの間に、30歳未満の子や孫（受贈者）に対し、直系尊属が教育資金に充てるための金銭を一括で贈与した場合には、受贈者一人当たり1,500万円（学校等以外の教育資金の支払いに充てる場合は500万円まで）を限度として贈与税が非課税とされます（措法70の2の2①）。医師や歯科医師を養成するための教育資金は高額となる場合が多いため、将来必要となる教育資金を一括して1,500万円まで子や孫に非課税で贈与できる制度の活用は、相続税対策を取りながら後継者育成に資するメリットがあります。

(2)　非課税制度利用のための手続き

　この制度を利用するには、金融機関等との一定の契約に基づき専用の教育資金口座を開設し、金融機関等を通じて開設時に「教育資金非課税申告書」を納税者の所轄税務署長に提出することが必要になります（措法70の2の2③）。教育資金の支払いは、教育資金口座の開設時に選択した教育資金口座の払出方法に応じて行うこととされ、また、教育資金

として支払いに充てた金銭に係る領収書等は金融機関等に提出する必要があります（措法70の2の2⑦）。

(3) 教育資金とは（措法70の2の2②一）

非課税特例の対象とされる教育資金には次に掲げる金銭が該当します。

① 学校等[注]に対して直接支払われる次のような金銭

 イ）入学金、授業料、入園料、保育料、施設設備費、入学（園）試験の検定料など

 ロ）学用品の購入費、修学旅行費、学校給食費など

（注）「学校等」とは

> ・学校教育法上の幼稚園、小・中学校、義務教育学校、高等学校、中等教育学校、特別支援学校、高等専門学校、大学、大学院、専修学校、各種学校 ・外国の教育施設。
> ［外国にあるもの］その国の学校教育制度に位置づけられている学校、日本人学校、私立 在外教育施設
> ［国内にあるもの］インターナショナルスクール（国際的な認証機関に認証されたもの）、外国人学校（文部科学大臣が高校相当として指定したもの）、外国大学の日本校、国際連合大学・認定こども園又は保育所　など。

（出典）文部科学省「平成31年度税制改正関連資料」より

② 学校等以外に対して直接支払われる次のような金銭で教育を受けるために支払われるもの

 イ）教育（学習塾など）に関する授業料

 ロ）スポーツ、ピアノなどの指導料

 ハ）通学定期券代、留学のための渡航費などの交通費

⑷　教育資金口座に係る契約の終了について

　次に掲げる事由が生じた場合には、教育資金口座に係る契約は終了します。

① 　終了事由

　　イ）　受贈者が30歳に達したこと

　　ロ）　受贈者が死亡したこと

　　ハ）　口座の残高が零になり、契約の終了合意があったこと

② 　契約終了時の残額の取り扱い

　契約終了時の残額に対して受贈者に贈与税が課税されます（措法70の2の2⑪）。ただし、「受贈者が死亡」したことにより契約が終了する場合には、贈与税の課税はされません（措法70の2の2⑫）。

③ 　教育資金以外の支払いを行っていた場合

　教育資金口座から教育資金以外の支払いを行っていた場合には、その支払について契約終了時に贈与税が課税されることになります。

〈教育資金の一括贈与非課税措置〉

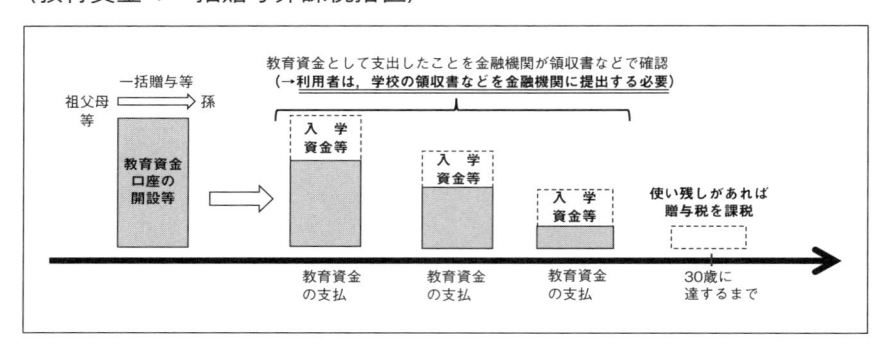

（出典）文部科学省「平成31年度税制改正関連資料」より

(5) 平成31年度税制改正による改正点

　この特例措置については、平成31年度の税制改正で以下のような改正がされました。

① 受贈者所得制限の導入

　平成31年4月1日以後の贈与について、前年の受贈者（子や孫）の合計所得金額が1,000万円を超える場合には、非課税贈与は不適用とされました（措法70の2の2①）。

② 教育資金の範囲の見直し

　令和元年7月1日以後に支払われる教育資金で、受贈者が23歳以上である場合には、以下のものが教育資金の範囲から除外されました。

〈教育資金から除外された支払〉

　学校等以外の者に支払われる金銭で、教育に関する役務提供の対価、スポーツ・文化芸術に関する活動等に係る指導の対価、これらの役務提供又は指導に係る物品の購入費及び施設の利用料。ただし、教育訓練給付金の支給対象となる教育訓練を受講するための費用は除外しない。

③　相続開始前3年以内贈与資金の支出残額の相続税課税

　教育資金管理契約の終了の日までの間に贈与者が死亡した場合で、その死亡前3年以内の非課税贈与資金のうち、死亡の日における管理残額を、受贈者は贈与者から相続又は遺贈により取得したものとみなすこととされました。この改正は平成31年4月1日以後に贈与者が死亡した場合について適用されます。なお、贈与者の死亡の日において次のいずれかに該当する場合には適用されません（措法70の2の2⑪）。

　　イ）　受贈者が23歳未満である場合

　　ロ）　受贈者が学校等に在学している場合

　　ハ）　受贈者が教育訓練給付金の支給対象となる教育訓練を受講している場合

④　教育資金管理契約の終了事由

　教育資金管理契約の終了事由について、受贈者が30歳に達した場合でも、その達した日において上記③ロ）又はハ）のいずれかに該当するときは教育資金管理契約は終了しないものとされます（30歳に達しても贈与税は課税されない）。そして、その達した日の翌日以後については、その年において③ロ）又はハ）のいずれかに該当する期間がなかった場合におけるその年12月31日又は受贈者が40歳に達する日のいずれか早い日に教育資金管理契約が終了するものとされます（この時点の残額に対して受贈者に贈与税が課税されます。）。この改正は、令和元年7月1日以後に受贈者が30歳に達する場合について適用されます。

〈平成 31 年度税制改正による改正点〉

　　祖父母等から孫等に対して一括贈与された教育資金に係る贈与税の非課税措置について、以下の措置を講じた上で、適用期限を 2 年延長する（2021 年 3 月 31 日まで）。

○　教育資金管理契約の終了年齢につき、従来の 30 歳から、在学中であることを条件に 40 歳まで引き上げ

○　所得制限の新設（孫等の年間所得が 1,000 万円を超える場合には非課税措置を受けられない）

○　23 歳以上の孫等の教育資金の範囲を、学校等や教育訓練給付の支給対象となる教育訓練に係る費用に限定（習い事等は対象外）

○　贈与から3年以内に祖父母等が亡くなった場合、孫等が 23 歳以上であれば贈与の残額を相続財産に加算（在学中の場合を除く）

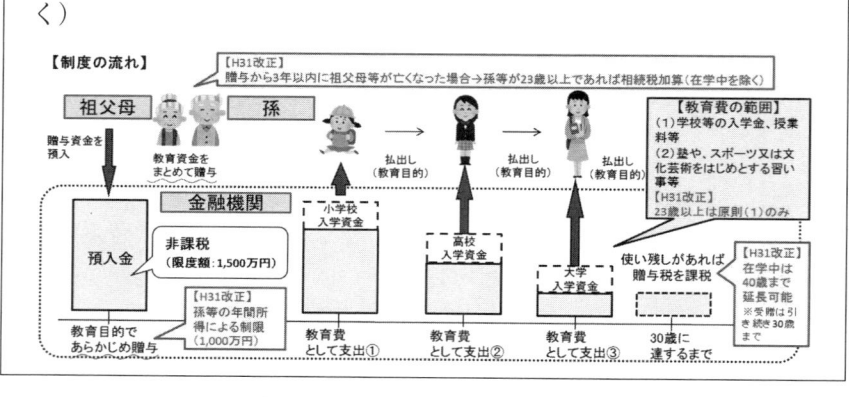

（出典）文部科学省「平成 31 年度税制改正関連資料」より

〈参考〉

個人開業医師・歯科医師の後継者への事業承継手続

1　先代院長の「廃業」手続（主なもの）

(1)　保健所

- ・診療所（病院）廃止届

- ・X 線装置廃止届

(2)　厚生局

- ・保険医療機関関係事項変更等届出書

(3)　都道府県・福祉事務所

- ・生活保護法指定医療機関廃止届など

(4)　税務署

- ・個人事業の開業届出・廃業届出等

- ・青色申告の取りやめ届出（青色申告を取りやめる場合）

- ・事業廃止届出（消費税の課税事業者又は課税事業者を選択している場合で、廃止する事業のほかに課税売上がない場合）

- ・給与支払事務所等の開設・移転・廃止の届出

(5)　都道府県税事務所・市町村

- ・個人事業廃止申告書

(6)　年金事務所

- ・社会保険の適用事業所全員資格喪失届

(7)　公共職業安定所

- ・雇用保険適用事業所廃止届

(8)　労働基準監督署

- ・労働保険確定保険料申告

2 新院長（個人事業承継者）の「開業」手続（主なもの）

～診療所の場合～

(1) 保健所
- 診療所（病院）開設届
- 診療所（病院）使用許可申請書（有床の場合）
- X線装置備付届

(2) 厚生局
- 保険医療機関指定申請

(3) 都道府県・福祉事務所
- 生活保護法指定医療機関指定申請など

(4) 税務署
- 個人事業の開業届出・廃業届出等
- 青色申告承認申請
- 青色事業専従者給与に関する届出
- 給与支払事務所等の開設・移転・廃止の届出

(5) 都道府県税事務所・市町村
- 個人事業開始申告書

(6) 年金事務所
- 社会保険の新規適用届

(7) 公共職業安定所
- 雇用保険適用事業所設置届

(8) 労働基準監督署
- 保険関係成立届
- 概算保険料申告

○税理士法人青木会計

　平成 4 年 6 月 1 日に設立された青木惠一税理士事務所を平成 14 年 6 月に組織変更して「税理士法人青木会計」となる。業務の中心は医科・歯科クリニックなど医療機関に対する税務対策及びコンサルティング、医療機関の相続・事業承継へのコンサルティングや相続税対策、医療法人の設立・運営・承継に対するコンサルティングなど。

（本部）

〒 110-0004　東京都台東区下谷 1 - 6 - 6　青木会計ビル

（KISAKA 分室）

〒 110-0004　東京都台東区下谷 1 - 6 - 5　キサカビル

○監修・執筆

青木　惠一

　代表社員税理士、税理士、行政書士。(公社) 日本医師会・有床診療所委員会委員、(公社) 全国老人保健施設協会・社会保障制度委員会消費税対策部会部会員、(公社) 日本医業経営コンサルタント協会・税制専門分科会委員長、MMPG 副理事長など。厚生労働省医政局委託・医療施設経営安定化推進事業である「持分によるリスクと持分なし医療法人への移行事例に関する調査研究（平成 26 年度）」、「医療施設の経営改善に関する調査研究（平成 29 年度）」などの調査研究の企画検討委員会委員長を務める。

○執筆・執筆協力

青木由美子

　社員税理士。主に資産活用アドバイス、資産の譲渡・買換・交換などの特例に係る申告、事業承継対策、相続税対策、相続税申告、相続税税務調査対応など資産税の統括部門を担当。

新矢　健治

　社員税理士。(公社) 日本医業経営コンサルタント協会認定医業経営コンサルタント（登録番号 7518 号）、主に医科・歯科クリニックなど医療機関に対する税務対策及びコンサルティング、医療法人の設立・運営・承継に対するコンサルティングなど医療・福祉部門を担当。

浅野　孝

　税理士、シニアマネージャー。主に医科・歯科クリニックなど医療機関に対する税務対策及びコンサルティング、医療法人の設立・運営・承継に対するコンサルティングなど医療・福祉部門を担当。

個人版納税猶予対応
医科・歯科クリニックの事業承継完全ガイド

令和元年 9 月 10 日　第 1 刷発行

監　修	青　木　惠　一
編　著	税理士法人 青木会計
発　行	株式会社 ぎょうせい

〒 136-8575　東京都江東区新木場 1-18-11

電　話　編　集　03-6892-6508
　　　　営　業　03-6892-6666
　　　　フリーコール　0120-953-431

URL　https://gyosei.jp

〈検印省略〉

印刷 ぎょうせいデジタル㈱　　　　　©2019　Printed in Japan
※乱丁・落丁本はお取り替えいたします。

ISBN978-4-324-10682-2
(5108543-00-000)
[略号：医科歯科承継ガイド]